기적의 숫

네모네모 로직

nemonemo logic

제우미디어 편저

nemonemo logic Vol.39

Contents

네모네모 로직 실전 풀이법

설명의 순서대로 한 번만 따라 칠해보면 로직해법을 마스터할 수 있습니다!

한 번만 따라하면 해법이 머리에 쏘옥~

직접 네모 속에 칠해 주세요!

자! 펜을 들고 따라해 봅시다!

■ 기본 규칙

- 숫자는 연속해서 칠해야 하는 칸 수를 의미한다.
- 여러 개의 숫자가 함께 있을 때는 순서대로 칠하되, 숫자와 숫자 사이에 반드시 한 칸 이상을 띄고 칠해야 한다.
- 확실히 칠할 수 없는 칸은 X로 표시해 두자.
- 완성된 숫자는 O로 표시해 두자.

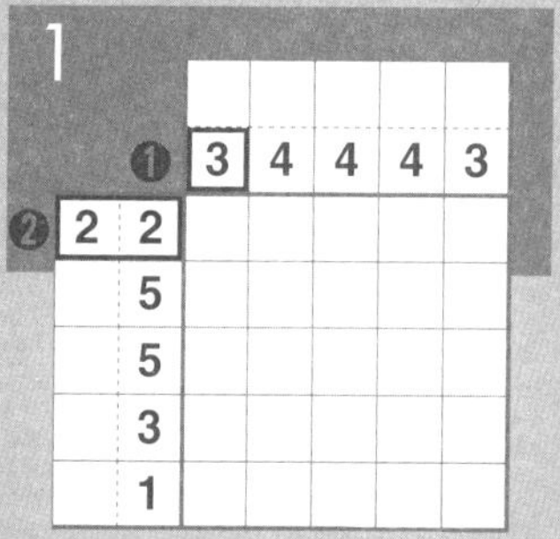

일단 문제를 보자. 문제의 크기는 5X5이다.

❶ 위쪽의 3은, 해당하는 세로줄의 다섯 칸 중에서 세 칸이 연속해서 칠해져야 한다는 뜻이다.

❷ 왼쪽의 2, 2는 해당하는 가로줄의 두 칸을 연속해서 칠한 후, **한 칸 이상을 띄고** 다시 두 칸을 연속해서 칠해야 한다는 뜻이다.

왼쪽의 5는 다섯 칸이 연속해서 칠해져야 하니 다섯 칸을 모두 칠하고, 완성된 5에 ○로 표시해 두자.

3

위쪽의 3은, 세 칸이 연속해서 칠해져야 하니 맨 밑줄은 칠할 수 없게 된다. X로 표시해 두자.

잠깐!

이 경우, 세 칸을 연속해서 칠할 수 있는 경우는 A, B 두 경우이다. 그러므로 칠할 수 없는 마지막 칸은 X로 표시한다.

4

위쪽의 4는, 네 칸이 연속해서 칠해져야 하니, **경우의 수를 따져보면** 네 번째 줄은 모두 칠해지게 되어있다.

잠깐!

이 경우, 네 칸을 연속해서 칠할 수 있는 경우는 A, B 두 경우이다. 여기서 네 번째 칸은 무조건 칠해진다.

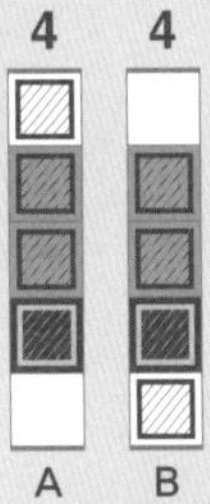

5

이렇게 되면, **왼쪽의 3이 완성**된다. 완성된 3에 ○로 표시해 두고, 네 번째 줄의 양 옆을 X로 표시해 두자.

위쪽의 3을 다시 보자. 네 번째, 다섯 번째 줄이 X로 표시되어 있으니, 자연스럽게 **첫 번째 줄을 칠해야 3이 완성**된다. 완성된 3에 ○로 표시해 두자.

왼쪽의 2는 두 칸이 연속해서 칠해져야 하니, 두 번째 칸과 네 번째 칸을 칠해야 2가 완성된다. 세 번째 칸은 X로 표시하고, 완성된 2에 ○로 표시해 둔다.

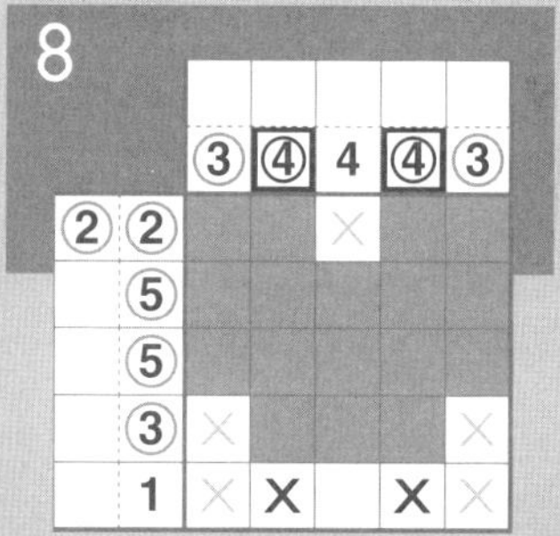

이렇게 되면 위쪽의 두 번째, 네 번째 4가 완성된다. 완성된 4에 ○로 표시해 두고, 맨 밑줄을 X로 표시해 둔다.

자, 이제 남은 것은 위쪽의 4와 왼쪽의 1이다. **맨 밑줄의 남은 한 칸을 칠하면**, 위쪽의 4이자 왼쪽의 1이 완성된다.

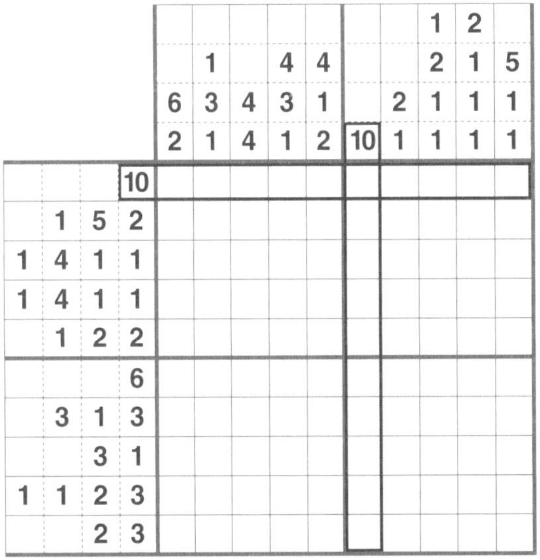

잠깐!

네모 로직의 문제 크기가 큰 경우, **큰 숫자부터 공략하는 것**이 효과적이다.

표시된 줄을 살펴보면,
한 줄인 열 칸 중에 열 칸 모두 연속해서 칠해진다.
이렇게 큰 숫자부터 칠해놓고 나면,
오른쪽 상단의 6이 맨 윗칸부터 연속해 칠해지게 되므로,
나머지 경우의 수를 쉽게 풀어갈 수 있다.

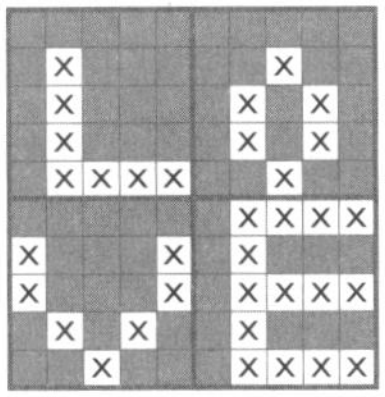

중요한 로직 풀이 Tip!

**문제의 크기가 큰 로직 중에는 위의 설명만으로 해결되지 않는 것이 있다.
그럴 때 이것만 기억해 두면 손쉽게 풀 수 있다.**

위에서부터 칠했을 때와 **아래에서부터 칠했을 때**를 생각한 후 **겹쳐지는 칸**이 어디인지를 찾는다. 점을 찍어가며 생각하면 편하며, 이때 숫자의 순서는 반드시 지킨다.

① 한 칸에 점을 찍고, 한 칸 띄고 6칸에 점을 찍는다.
② 뒤에서부터 6칸에 점을 찍고, 한 칸 띄고 한 칸에 점을 찍는다.
③ 겹치는 부분을 찾아 칠한다.

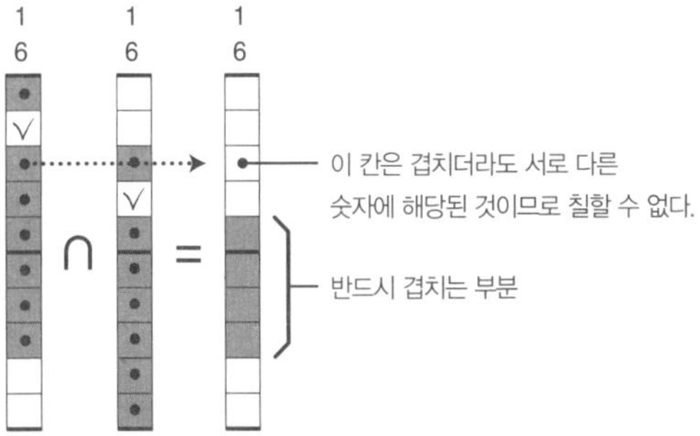

NemoNemo Logic Vol. 39

PART A

SIZE : 20×20 25×25

난이도 ●

A1 가을이 오면 빨갛고 노랗게 물들어요

Column clues (top to bottom):

1	2	3	4	5	6	7	8	9	10	11	12	13	14	15	16	17	18	19	20
					4							4		4	4				
		1	4	5	3	7		4			14	9		3	3	5	4	1	
1	2	2	3	3	1	3	10	9	14	19	3	1	11	3	1	3	3	2	1

Row clues (left to right):

Row			
1			1
2			3
3			5
4			5
5	3	5	3
6	3	5	4
7	4	3	5
8			15
9			13
10			8
11			20
12			18
13			15
14			7
15			9
16	3	1	3
17	3	1	3
18			2
19			2
20			2

난이도 ●

A2 물이나 음료수를 담아서 마셔요

Column clues (left to right, top to bottom):

1	2	3	4	5	6	7	8	9	10	11	12	13	14	15	16	17	18	19	20
																1	1		
		1	1	1	1	1	1	1	1	1	1	1	1			6	5	2	
	2	2	4	4	4	4	4	4	4	4	4	4	2	2		1	2	2	8
18	3	2	2	1	1	1	1	1	1	1	2	2	2	3	18	3	3	3	3

Row clues (top to bottom):

			10
		2	2
	2	10	2
	1	12	1
	1	12	4
1	10	1	2
	1	3	1
	1	3	1
	1	3	1
	1	3	1
	1	3	1
	1	2	1
	1	1	2
	1	1	2
		1	3
		1	1
		1	1
		2	6
		4	9
			20

난이도 ●

A3 '토끼'하면 이 채소가 생각나요!

					2	2	2		1				2	1					
					1	2	2	2	2	1	3	4	2	4		4	3	2	2
	3	3	3	3	3	2	4	6	5	7	5	4	4	4	9	2	3	4	3
5	2	3	3	3	1	2	2	3	3	4	5	6	7	8	9	10	12	12	12

		3	4
		3	5
		2	4
		9	2
	2	3	3
		2	6
		2	4
	2	1	2
1	2	3	3
2	1	6	3
1	2	5	4
	2	6	5
1	2	5	6
	2	6	7
	1	4	8
	2	5	9
	1	5	10
	1	4	12
		5	14
		3	15

난이도 ●●

A4 입술에 색을 칠해요

Column clues (left to right):

1	2	3	4	5	6	7	8	9	10	11	12	13	14	15	16	17	18	19	20
					1	6	3	3	3				8		1	4	4		
		9	9	8	2	1	3	2	2	3	5	7	2	10	6	3	2	6	3
9	10	1	1	1	1	1	2	2	2	4	4	2	3	5	6	6	6	5	3

Row clues (top to bottom):

			4
		2	4
		3	4
		4	4
		7	1
			11
			11
		3	6
		5	4
	3	1	2
	4	1	2
	5	1	2
	5	2	2
6	5	2	2
		12	7
	5	2	7
	4	2	7
	3	2	5
	2	2	3
		8	1

난이도 ●●

A5 고리 모양의 튀긴 빵

Column clues (top to bottom):

Col	Clues
1	8
2	5 6
3	10 1
4	11 2
5	7 4 1
6	3 2 4 1
7	6 6 1
8	5 5 2 1
9	1 3 2 5 2
10	5 1 3 1
11	5 2 4 1
12	5 1 3 1 2
13	6 8 1
14	6 6 2
15	2 3 6 2
16	11 2
17	9 2
18	2 3 2
19	3 4
20	7

Row clues (left to right):

Row	Clues
1	5
2	9
3	7 4
4	3 8 2
5	16
6	8 6 1
7	3 3 3 1
8	6 3 3 1
9	6 3 5 1
10	5 2 5 2
11	5 1 5 1
12	4 2 5 1
13	1 2 9 2
14	11 2 2
15	7 5 2
16	9 2
17	2 5 2
18	1 3
19	3 4
20	6

난이도 ●●

A6 맑은 하늘에 하얀 ○○

Column clues:

1	2	3	4	5	6	7	8	9	10	11	12	13	14	15	16	17	18	19	20
												1	3	1	1				
	2	2	1	1	2	2	2	1	1	1	2	4	3	4	5	1	2	2	
10	5	4	4	4	4	4	4	4	6	8	7	1	3	3	4	3	2	3	7
5	6	6	5	2	3	4	4	4	1	1	2	2	2	2	1	4	8	8	8

Row clues:

			5
		2	3
		5	5
2	1	1	2
		2	2
		1	1
		1	1
		1	1
	2	1	2
	4	1	6
		5	11
			17
		16	3
	1	9	3
2	7	3	3
	4	3	7
	4	3	10
	4	5	5
	9	4	4
	9	6	3

난이도 ●●

A7 ○○는 꽥꽥

	1	2	3	4	5	6	7	8	9	10	11	12	13	14	15	16	17	18	19	20
Column clues	2 10	3 10	6 2 3	3 4 1 2	1 6 2	2 5 1	1 3 1 1	1 3 1 1	1 2 1 1 1	1 3 1 1	1 3 1 1	2 1 4 1	1 2 2 2 1	2 2 1 1 1	6 2 1 1	5 1 1 1 2	2 1 1 1 1 2	2 1 1 2 3	2 3 1 4	13

Row	Row clues
1	7
2	3 3
3	1 2
4	2 3 2
5	1 3 2
6	4 2 2
7	8 2
8	9 7
9	7 2 4
10	2 3 1
11	5 4 6
12	3 3 2
13	2 2 4
14	2 1 1
15	2 1 5
16	2 2 1 1
17	2 5 2
18	3 3
19	5 5
20	20

난이도 ●●

A8 분홍색 여름 과일

					1	1	2	1				2	3	3					
	3	1	2	1	2	2	2	1	3	3	4	2	3	4	3	3	3	2	1
9	2	2	2	2	1	2	2	2	3	3	4	3	5	6	14	13	12	9	6

		7
		7
	5	7
	3	5
	1	7
	2	11
1	2	5
1	2	5
1	1	5
	1	5
	1	5
	1	5
	1	5
	2	6
	1	6
	1	6
	2	7
	2	8
		11
		6

난이도 ●●

A9 왕 크니까 왕 맛있다!

										3			1											
						1	2			1	1		3	2	1	2	3							
					2	1	1	1	2	1	2	3	2	2	2	2	1	1	2	1				
	10	8	8	7	2	1	2	4	1	3	2	4	2	1	1	1	2	2	2	3	2	2	2	
20	5	4	3	2	2	2	1	1	1	1	1	1	1	1	1	2	2	3	4	5	11	12	14	19

					8
		1	1	1	2
		2	2	1	3
	3	1	1	2	3
	3	2	1	2	2
				6	2
				5	2
				5	1
		5	2	4	1
		7	2	4	1
6	1	1	1	4	1
5	2	1	2	2	2
4	2	1	2	2	2
			2	2	3
				2	5
				1	5
				1	4
				1	4
				1	4
				1	4
				2	5
				3	6
				4	7
				7	9
					25

난이도 ●●

A10 죽음의 신

Column clues (left to right, top to bottom):

Column	Clue
1	7
2	9
3	4 9
4	16
5	21
6	23
7	4 16
8	4 3 15
9	3 3 3
10	3 3 4
11	2 2 1 11
12	2 6 2
13	2 2 4 3
14	2 2 1 6 3
15	2 3 3 4
16	3 3 5 4
17	3 3 7 4
18	3 8 4
19	15 4
20	15 4
21	10 4
22	5 3 4
23	3 4
24	3 3
25	3 3

Row clues (top to bottom):

Row	Clue
1	10
2	12
3	5 4
4	3 3
5	3 2
6	2 2
7	2 3 3 2
8	2 4 4 2
9	2 4 4 3
10	4 1 4
11	5 1 2 6
12	6 6
13	6 1 1 1 7
14	8 1 1 7
15	20
16	18
17	7 13
18	7 4 5
19	8 1 4
20	8 1 2
21	8 1 1
22	8 1 9
23	8 1 13
24	8 15
25	8 15

난이도 ●●

A11 내 자리다냥

Column clues (left to right, top to bottom):

Column	Clues
1	1
2	4 4
3	2 3 3 6
4	9 5
5	3 5 2
6	7 1
7	2 6 1
8	10 1
9	3 6 1
10	5 9 1
11	2 12 1
12	2 11 1
13	2 1 9 1
14	2 1 9 1 3
15	2 1 9 7
16	2 1 7 4
17	2 1 7 2
18	2 1 12
19	2 1 1 9
20	2 1 1 3 2
21	2 1 2 3
22	2 14
23	13 6
24	5 5
25	2

Row clues (top to bottom):

Row	Clues
1	12
2	15
3	1 2
4	1 2
5	1 2
6	2 3
7	13
8	2 2 2 2
9	3 9 2
10	16 2
11	1 1 1 1 9 2
12	17 3
13	22
14	16 2
15	16 2
16	20
17	1 9 6
18	3 4 2
19	16 2
20	2 2 2 1
21	2 2 2 2
22	3 2 3 2
23	2 2 2 1
24	2 2 2
25	3 2 2

난이도 ●●

A12 구멍이 송송송

						7																		
						2	6	5	4	3				1	1	1		2		3	4			
		11	10	9	8	1	1	1	2	4	2	1	1	4	4	2		3	4	1	2	6	6	
		2	1	1	2	2	2	1	2	1	4	2	2	2	1	4	2	1	2	1	2	1	1	
	12	4	4	2	2	2	4	1	4	2	3	4	5	1	2	2	2	1	1	2	4	4	2	
25	11	1	1	1	2	2	2	3	3	3	4	4	4	5	5	5	9	6	9	8	7	7	8	25

				25
			12	8
		11	2	6
	10	4	2	4
	9	4	1	3
	8	2	2	4
	7	2	3	1
		6	4	1
		5	4	4
4	2	2	5	1
	3	2	5	1
2	6	1	2	1
1	5	3	1	5
1	4	3	2	5
3	2	4	2	1
		2	2	1
		2	3	1
4	3	2	2	2
5	2	2	2	6
	5	2	2	8
		4	3	11
			2	14
			2	17
			2	20
				25

난이도 ●●

A13 아이, 달콤해!

Column clues (left to right, top to bottom):

Column	Clues
1	6 5
2	2 2 2 3
3	1 3 1 1 2
4	1 1 6 2
5	1 3 2 3 3
6	4 1 2 1 2 3 1
7	11 2 1 1
8	4 4 2 2
9	5 3 2 9
10	5 3 3 11
11	5 3 2 1 7
12	3 2 1 1 6
13	5 1 1 1 6
14	5 3 1 2 1 6
15	5 3 3 2 6
16	5 2 1 6
17	6 3 7
18	7 14
19	9 1 7 1
20	6 2 2 1 1
21	7 2 1 1 1
22	2 8 2 5
23	1 8 2 1 1
24	1 5 3 1
25	6 6

Row clues (top to bottom):

Row	Clues
1	10
2	13
3	14
4	6 8 4
5	6 10 1
6	2 5 1
7	2 2 3 6 1
8	1 2 3 7
9	1 3 2 1 5
10	6 2 1 4
11	2 1 6 5
12	1 2 2 1 1 3 3
13	1 1 2 1 2 2 1 3
14	1 1 2 2 4 2 3
15	1 2 4 4
16	2 4 6 4
17	4 3 5
18	1 5 2 2
19	3 3 3 2
20	4 11 2
21	2 2 17
22	1 1 11 1 1
23	2 2 10 1 1
24	5 11 1 1
25	25

난이도 ●●

A14 커피에 올라간 하얀 크림

Column clues (left to right, top to bottom):

1. 4
2. 5
3. 5
4. 17
5. 4 3
6. 2 2 2
7. 1 2 2
8. 4 2 1
9. 1 1 2 1
10. 2 2 2 1
11. 1 2 2 1
12. 1 2 2 1
13. 1 1 3 2 1
14. 3 3 2 2
15. 2 1 3 3 2
16. 3 2 3 3
17. 6 16
18. 21
19. 17
20. 1 2 1 1
21. 1 2 4
22. 2 8
23. 2 6
24. 7
25. 1

Row clues (top to bottom):

1. 3
2. 3
3. 5 2
4. 3 4
5. 1 2
6. 3 6
7. 2 1 10
8. 1 7 3
9. 2 2
10. 3 5
11. 1 14
12. 1 16
13. 1 3 2
14. 1 5 2
15. 1 6 1
16. 1 3 3
17. 1 3 3
18. 1 3 3
19. 1 3 4
20. 4 9
21. 4 3 3
22. 4 6
23. 5 4
24. 6 5
25. 14

난이도 ●●

A15 멍멍!

Column clues (top to bottom, columns 1–25):

								6	6	6					8	10					10			
						1	6	2	2	2	6	7	7	8	1	2	9			10	2	8	6	
		1	3		4	3	4	2	1	1	1	1	3	2	2	1	2	9	9	2	2	4	2	7
2	1	2	1	4	3	6	2	1	2	3	2	2	2	3	5	2	1	3	2	6	2	6	4	2
20	19	8	4	2	2	2	6	4	3	3	8	7	2	1	1	4	4	4	8	2	1	1	4	4

Row clues (rows 1–25):

				2	19
				1	18
				3	18
					23
					22
				1	21
		2	1	11	1
			3	2	9
		3	4	6	1
	2	1	7	2	1
		2	1	2	2
		2	2	1	4
		2	4	2	3
		2	2	2	2
		2	2	3	1
	2	1	2	3	1
2	4	1	2	1	2
	3	2	3	2	6
	3	2	3	2	5
	3	3	3	6	1
3	2	2	1	1	1
	4	3	2	5	3
		4	6	4	2
			14	5	2
					25

난이도 ●●

A16 키 크고 싶어요!

Column clues (top to bottom, columns 1–25):

Column	Clues
1	18
2	3 5 1
3	2 1 6 1
4	2 1 5 1
5	2 1 5 1
6	4 1 5 1
7	1 2 1 5 1
8	2 4 1 5 1
9	1 1 3 5 1
10	1 2 2 5 1
11	1 1 18
12	3 2 1
13	2 1 2
14	2 2 3
15	3 9
16	16 1
17	2 1 3 1
18	2 1 3 1
19	4 1 3 1
20	1 3 1 3 1
21	1 1 3 4
22	1 1 9
23	3 8
24	2 8
25	9

Row clues (left to right, rows 1–25):

Row	Clues
1	5
2	3 1
3	1 4
4	2 3 2
5	5 2
6	2 2 2
7	2 2 3
8	2 6 1
9	12 1
10	1 1 1
11	1 1 1
12	1 1 1 5
13	1 1 1 1 1
14	3 1 1 7
15	4 1 5 2
16	6 1 2 2 1
17	8 1 2 2 2
18	11 11
19	1 9 2 4
20	1 7 4 4
21	1 5 6 4
22	1 3 1 9
23	1 1 2 7
24	1 1 3 4
25	23

난이도 ●●

A17 담뱃잎을 넣어요

Column clues (top to bottom, columns 1–25):

Col	1	2	3	4	5	6	7	8	9	10	11	12	13	14	15	16	17	18	19	20	21	22	23	24	25
			3	2	2	2	2																		
		4	3	1	1	2	2	2	3	4															
		5	3	2	2	2	2	3	3	5	12	12	11	8	5	4	3								
	12	5	2	2	3	2	3	5	3	3	4	3	4	3	3	5	7	2	1						
	7	3	2	1	2	1	1	1	1	1	2	2	3	3	4	5	7	15	11	7	4	4	3	2	2

Row clues (left to right, rows 1–25):

Row	Clues
1	19 4
2	18 6
3	3 9 5
4	2 7 5
5	1 5 5
6	1 4 4
7	1 5 5
8	2 7 5
9	3 8 4
10	3 9 5
11	4 4 5
12	2 3 2 2 2
13	7 1 2
14	4 3 2 2
15	3 5 1 2
16	2 4 4 2
17	7 3 2
18	5 2 3
19	1 2
20	1 3
21	2 2
22	1 3
23	2 3
24	3 4
25	9

난이도 ●●

A18 매일 한장씩 찢어요

Column clues (top to bottom, left to right):

Column	Clues
1	5
2	3 2
3	4 3
4	4 5 2
5	1 5 1 3
6	1 1 2 3
7	1 1 2 1 2 5 2
8	1 1 4 9 2
9	1 1 1 2 6 3
10	2 1 3 3
11	2 2 5 2
12	2 1 8 3
13	2 1 4 2 3
14	2 1 2 3 2
15	2 1 1 2 4 2
16	2 1 3 8 2
17	2 1 3 6 4
18	2 2 2 3 4 1
19	2 1 3 1
20	2 1 5 4
21	2 8 7
22	1 2 12
23	20
24	14
25	4

Row clues (left to right, top to bottom):

Row	Clues
1	13
2	1 12
3	1 9
4	8 3
5	1 8 3
6	1 3 8
7	1 2 2 4
8	2 2 4 1 2
9	1 3 3 1 2
10	1 1 2
11	1 4 1 2
12	2 4 5 1 2
13	1 3 7 2 2
14	1 2 2 3 1 3
15	2 3 3 3 1 3
16	1 3 2 2 1 3
17	2 3 2 3 2 2
18	1 4 2 3 1 2
19	1 2 6 2 3
20	3 4 1 3
21	6 1 3
22	8 2 4
23	9 1 3
24	9 3
25	11

난이도 ●●

A19 딸랑딸랑!

Column clues (top to bottom, columns left to right):

Column	Clues
1	3
2	3 4
3	5 6
4	2 3 6 3
5	1 6 6
6	2 4 10 2
7	2 3 3 2 4
8	2 2 2 1 5
9	2 2 1 2 5
10	3 2 1 1 3
11	5 1 1 2
12	2 1 1 1 2
13	2 1 1 1 2
14	5 1 1 2
15	6 1 1 3
16	2 4 1 5
17	3 5 2 5
18	3 1 11 5
19	2 2 11 3
20	2 4 9 2
21	2 5 5
22	5 5 3
23	4 6
24	3 5
25	4

Row clues (left to right, rows top to bottom):

Row	Clues
1	5 6
2	3 4 10
3	2 4 5 3
4	4 6 3
5	15 4
6	6 1 8
7	3 8 4
8	4 3 3 4
9	4 2 3 4
10	4 1 2 4
11	4 2 3 4
12	4 1 3 3
13	2 1 3 3
14	1 3
15	1 3
16	1 3
17	1 12
18	4 4
19	3 2
20	2 1
21	2 11 2
22	2 3 4 2
23	7 8
24	17
25	12

난이도 ●●

A20 물고기가 살아요

Column clues (top to bottom, columns 1–25):

Column	Clues
1	25
2	9 7
3	8 3 5
4	6 1 4 4
5	2 2 1 5 3
6	2 1 1 3 2
7	2 1 1 3 1 2
8	2 1 1 5 2 1
9	2 1 2 5 3 1
10	2 1 1 6 3 1
11	2 1 2 1 2 3 1
12	2 1 1 3 1 3 1
13	2 1 1 3 2 3 1
14	2 1 1 1 1 3 1
15	2 1 1 2 3 1
16	2 1 2 2 3 1
17	2 1 1 1 1 3 1
18	2 1 1 4 3 2 1
19	2 1 1 1 1 9 2
20	2 1 1 3 3 4 2
21	2 2 1 4 3
22	7 9 4
23	8 5 5
24	9 8
25	25

Row clues (left to right, rows 1–25):

Row	Clues
1	25
2	25
3	4 4
4	25
5	5 5
6	4 4
7	3 5 6 8
8	4 3 2 3
9	2 2 2
10	1 1 1 1 1
11	1 4 2 1
12	1 4 1 1 2 1
13	1 3 3 3 1 2 1
14	1 4 2 1 2 2 1
15	1 8 1 2 2 1
16	1 9 2 2 2 1
17	1 4 6 2 2 1
18	1 2 5 2
19	2 1 3 2
20	2 2 2
21	3 9 2 3
22	4 13 4
23	5 11 5
24	7 7
25	25

난이도 ●●

A21 시들지 않게 물도 채워요

열	1	2	3	4	5	6	7	8	9	10	11	12	13	14	15	16	17	18	19	20	21	22	23	24	25
힌트	4 1	2 2 1	1 2 1 1	4 1 2 1 1	2 2 2 4 1	1 2 1 1 2 2 4	1 2 7 2 3 2	2 3 3 2 2 2	5 2 3 2 2	1 2 6 1	3 2 7 1	2 12 2	1 2 6 3 2	1 2 2 1 2 2 4	2 2 3 2 3 6	5 4 12	2 6 10	4 2 8	2 1 2 3 6	1 2 2 4 4	1 3 5 1	2 4 2 1	6 1 1	4 1	3 1

행	힌트
1	4 4
2	2 2 2 2
3	1 2 1 1 2 1
4	1 2 1 1 2 1
5	2 2 1 2 4
6	15 2
7	2 4 2 2 1
8	4 1 2 2 2 4 3
9	2 3 2 2 4 5
10	1 2 2 7 2 4
11	1 2 7 2 2 3
12	2 7 2 2 2
13	5 4 2 5
14	1 2 4 2 3
15	1 2 7 4
16	2 9 4
17	4 4
18	2 4
19	2 5
20	1 6
21	1 6
22	7 12
23	2 6
24	2 7
25	9

난이도 ●●

A22 불이 들어와요

												1												
						1			1		1	2	1	1										
				1		2			2	1	2	2	2	1	1									
1	6	2		3	1	1	1		3	1	6	1	6	5	2		2	3	1	1	1		3	1
7	1	2	2	3	1	2	3	2	1	5	1	1	1	1	3	2	3	1	4	10	7	4	1	5
8	2	3	7	3	2	2	3	4	1	1	1	1	1	1	2	4	3	3	3	1	3	2	1	2
6	9	3	9	5	8	4	6	7	2	2	1	1	1	1	4	7	6	5	7	7	5	8	10	14

				2	4	2	3
					3	9	3
				3	3	3	3
			2	3	3	1	1
				2	1	3	2
				2	2	3	1
				1	1	3	1
					1	1	2
1	1	1	3	3	1	2	1
		1	4	3	4	2	1
		2	1	2	1	2	2
		1	2	1	1	2	1
	1	1	2	1	2	2	1
	2	2	1	3	1	3	2
	2	2	3	3	2	1	1
	1	1	2	2	2	2	3
	5	1	2	2	1	2	2
	2	3	1	2	2	1	4
					6	9	6
			4	4	3	2	3
				6	2	4	9
					2	8	10
						9	14
						11	10
							25

난이도 ●●

A23 다람쥐가 좋아하는 열매

					10	10	8	7								3		2						
				9	2	2	2	2	9	9	8			7	7	2	3	1	2	1				
	3	8	16	3	2	2	2	3	3	2	3	7	8	3	2	1	2	2	1	2	3	3	2	
7	9	12	3	2	2	2	1	2	6	3	2	9	10	2	3	6	7	5	4	4	3	3	3	7

		3	3	2
		3	3	6
				14
			2	13
			3	11
				16
				16
			12	3
5	3	2	3	3
		5	2	2
		3	2	3
	7	2	3	2
	8	2	2	2
	3	5	2	1
	2	3	2	1
	5	3	4	1
		8	9	1
		5	3	13
	4	2	2	9
	3	2	2	6
			3	4
			3	3
			4	2
				9
				6

난이도 ●●●

A24 준비, 땅!

						3	3	4																
					3	2	1	1	6							5	2	2						
				2	1	2	5	2	1	6	4			2		2	1	2	1					
				5	1	1	1	3	2	7	6	3	2	2	2	1	1	1	1					
		1	2	1	1	1	1	1	9	5	6	2	1	2	2	2	2	1	2	6	1			
1	1	1	1	4	4	4	2	1	1	1	2	9	5	5	11	1	5	3	3	8	3	1	1	1

				7
				11
			8	1
		10	1	1
	3	3	1	1
			3	2
		2	2	3
		9	2	1
2	2	1	1	1
1	5	2	1	1
	1	6	4	1
1	2	1	1	1
	1	1	1	5
		4	2	1
			1	7
				11
			7	2
			16	5
			10	1
		5	1	1
	1	1	1	1
		6	1	5
		3	2	5
			8	4
				4

난이도 ●●●

A25 말을 따라해요

														1										
														2	4									
									1	1	2			2	2	2								
				1					2	3	3	2	4	2	1	2	3							
			2	2			1	1	2	1	1	2	1	1	1	3	4	3						
		1	2	1	2		1	2	2	2	2	1	4	1	3	2	1	5	2					
2	3	3	1	6	5	6	1	4	2	1	1	2	1	1	2	3	1	2	5	8	2			
1	1	2	1	1	3	2	2	5	4	1	2	1	4	4	1	1	2	1	3	2	5	5		
1	1	2	1	1	4	5	1	2	1	1	4	4	1	2	1	1	1	1	1	1	3	2	7	6

			9	2
	3	2	2	2
	2	1	2	5
	5	1	2	3
		6	2	1
	1	2	3	2
		3	3	2
			1	2
	2	1	2	2
1	2	2	2	2
	1	1	2	3
1	1	2	4	2
1	2	3	2	2
2	2	3	2	2
		1	3	7
			2	9
			3	4
			4	8
	3	4	6	5
	8	2	3	5
	2	7	2	4
3	2	7	2	3
	7	2	5	2
			7	4
				11

난이도 ●●●

A26 문지르면 지니가 나올까요?

세로 열 힌트 (왼쪽부터)

열	힌트
1	15 2
2	14 2 1
3	14 3 3
4	14 4 2
5	15 4
6	13 1
7	11 2 4
8	10 1 1 4
9	10 1 1 1 2
10	7 3 1 2 1
11	6 1 1 1 2 1
12	6 3 1 2 1
13	9 1 1 2 1
14	9 1 1 4
15	4 5 2 5
16	2 6 1 2
17	2 7 2
18	7 1
19	1 6 2
20	1 6 2
21	1 2 5 2
22	2 3 5 1
23	2 4 3 2
24	3 5 1 2
25	15

가로 행 힌트 (위부터)

행	힌트
1	5 7
2	11 4
3	15 2
4	17 1
5	17 3
6	15 5
7	14 5
8	10 4 4
9	9 6 2
10	10 11 1
11	23 1
12	7 1 1 9 1
13	6 1 1 10
14	7 1 1 1 8 1
15	1 1 2 2 4 2
16	2 5 2
17	3 3
18	3 2
19	1 2 2
20	3 1 3
21	5 3
22	3 9
23	2 7
24	3 3
25	8

난이도 ●●●

A27 비 오는 날 신는 신발

Column clues (left to right, top to bottom):

Column	Clues
1	8 4
2	8 2 2
3	8 1 2
4	8 2 2
5	2 1 4 2 2
6	2 1 7 2
7	2 1 2
8	2 3 5
9	2 6 4 2
10	1 8 4 1
11	1 12 4 1
12	1 16 1
13	1 4 10 1
14	1 2 1 6 1
15	3 1 2
16	3 1 1
17	3 1 2
18	3 1 2
19	3 4 3
20	2 6 2
21	2 6 3
22	2 11 3
23	2 16
24	13
25	6

Row clues (top to bottom):

Row	Clues
1	25
2	9 11
3	4 9 2
4	14 4
5	4 6 7
6	5 18
7	5 4 6
8	5 5 6
9	2 5 5
10	1 5 5
11	1 5 3
12	1 4 3
13	1 4 3
14	1 4 2
15	2 3 1
16	2 3 1
17	3 4 1
18	2 4 2
19	1 3 3
20	1 4 4
21	9 3
22	5 1 2
23	1 2
24	2 3
25	7

난이도 ●●●

A28 옷을 고정시켜요

Column	Clues
1	6
2	3 2
3	1 3 2
4	2 5 2
5	1 5 2
6	1 6 4
7	2 8 2
8	3 3 4 2
9	3 2 3 2
10	3 2 3 2
11	2 2 3 2
12	4 3 2
13	3 2
14	3 2
15	3 2
16	6
17	2 2
18	2 3 1
19	1 7
20	1 2 4
21	1 2 4
22	17 5
23	3 3 3
24	23
25	0

Row	Clues
1	5 2
2	3 3 3
3	1 3 3
4	2 3 3 1 1
5	1 5 3 1 1
6	1 6 1 1 1
7	1 6 1 1 1
8	1 9 1 1
9	2 2 3 1 1
10	2 2 1 1
11	2 3 1 1
12	6 1 1
13	2 3 1 1
14	2 3 1 1
15	2 3 1 1
16	2 3 1 1
17	2 3 7
18	2 6 3
19	2 4 3 2
20	2 2 5 1
21	2 1 2 1 1
22	3 7
23	3 6
24	7
25	3

난이도 ●●●

A29 부자다!

Column	Clues
1	1 6
2	2 3 4
3	2 3 4
4	4 3 4
5	4 4 2 1 4
6	5 4 2 1 4
7	4 2 1 4
8	2 2 2 4
9	1 1 3 4 4
10	1 4 11
11	4 8 1
12	2 1 6 1
13	2 1 4 1 1
14	2 1 3 1 1
15	2 2 2 1 1
16	2 3 1 1 1
17	2 7 1 1
18	1 8 3 1
19	1 8 7
20	1 8 8
21	1 8 9
22	1 9 8
23	8 2 7
24	6 8
25	4 4

Row	Clues
1	1
2	2 7
3	2 2 2
4	2 2 4
5	4 2 5
6	4 4 2 6
7	3 3 2 7
8	4 2 7
9	2 1 7
10	2 13
11	1 4 9
12	2 1 9
13	2 2 4 1
14	2 1 3 3
15	2 10 4
16	2 6 5
17	12 5
18	2 6 5
19	1 4 6
20	2 15
21	1 2 5
22	11 5
23	10 3
24	10 3
25	20

난이도 ●●●

A30 아이 셔~

Column clues (left to right, top to bottom):

Column	Clues
1	4 2
2	3 3 4
3	3 4 5
4	2 7 6
5	1 7 6
6	2 6 5
7	1 6 4
8	2 6 2
9	1 11 2
10	1 5 4
11	1 2 3
12	1 9 3
13	1 3 7
14	1 2 5 5
15	1 1 2 1 2 5
16	2 2 1 1 3 4
17	1 1 3 1 2 1 4
18	2 1 1 2 2 2 3
19	2 1 1 2 4 3
20	3 1 7 1 2
21	2 2 2 1 1 2 2
22	5 2 1 4 2
23	2 4 2 2
24	2 5 2
25	10

Row clues (top to bottom):

Row	Clues
1	9
2	3 3
3	3 2
4	2 2
5	1 2
6	2 3
7	1 1
8	2 1 1
9	1 2 7
10	2 3 3 3
11	9 3 4 2
12	12 3 3 2
13	11 1 2 4 1
14	8 1 1 1 1 3
15	6 1 4 2 3
16	4 1 1 8
17	1 1 1 2 1 2
18	6 1 4 1 2 2
19	7 2 2 1 2 1
20	6 1 1 4 3 1
21	6 2 3 5 2
22	6 8 2
23	5 15
24	14
25	7

난이도 ●●●

A31 제주도에서도 자라는 열대 과일

Column clues

1	2	3	4	5	6	7	8	9	10	11	12	13	14	15	16	17	18	19	20	21	22	23	24	25
															4	4	4	4						
														4	1	2	1	1	4	4	4	4		
		4	4	4		2	1		1	5	9	4	4	1	2	1	3	4	8	7	5	2		
4	4	2	1	1	12	8	4	2	1	1	1	5	2	5	2	2	2	2	1	2	1	1	4	4
8	9	6	5	2	7	3	2	2	1	7	6	11	14	6	4	5	4	4	3	2	2	1	3	3

Row clues

		8	16
		7	15
		6	15
		6	15
		1	2
		1	1
	1	1	4
	2	3	4
	2	2	1
	2	1	4
	3	2	6
	6	4	5
3	3	2	4
	2	9	3
4	2	3	4
	6	4	3
	6	2	2
4	1	3	2
4	1	5	2
3	1	5	3
1	2	7	5
	1	9	2
	2	10	4
	2	1	10
		3	5

난이도 ●●●

A32 쇳조각을 끌어당겨요

																		4						
												1		2		1	3	3	6	8				
						1	1	1	1	1	1	5	2	5	3	2	3	1	3	3				
					2	3	3	3	3	4	5	2	5	1	6	6	4	2	2	1	10	14	14	16
		5	3	2	5	2	2	2	2	2	3	2	3	1	3	1	1	1	3	3	1	3	1	3
13	14	4	3	3	4	4	4	3	3	5	2	1	3	1	2	2	2	1	4	3	1	3	4	4

			14	9
		6	2	8
		4	2	8
	3	5	1	7
	3	7	2	6
	2	9	2	6
2	2	4	1	5
2	1	4	2	5
2	1	4	1	4
2	2	3	2	4
2	2	3	1	3
3	2	3	3	3
4	2	3	1	3
5	2	3	2	3
	5	2	4	1
4	2	3	3	1
		4	4	1
	5	2	3	3
	4	2	2	1
	4	2	4	1
		2	1	1
		2	5	3
		1	2	2
		5	2	2
		3	2	2

난이도 ●●●

A33 울지 말아요

Column	Clues
1	2 3 10
2	2 2 3 6
3	2 4 2 1 2
4	2 5 4 2
5	1 2 2 2
6	1 1 3 2 2
7	2 4 2 2 2
8	2 2 2 3 2 2
9	1 6 1 2 2
10	3 3 2 1
11	2 2 2 2
12	1 2 2 4
13	1 3 2 3 2
14	2 3 4 2 2
15	2 2 5 3
16	2 2 2 2
17	3 4 1 3 2
18	3 6 3 2 2
19	3 2 3 2 3 2
20	3 5 3 6
21	3 2 7
22	4 3 8
23	4 1 10
24	6 13
25	25

Row	Clues
1	3 13
2	8 12
3	4 9
4	1 4
5	6 2 5 2
6	5 4 8 2
7	1 2 5 2 2 3 1
8	1 5 1 1 5 2 1
9	3 2 1 3 1 1
10	1 3 1
11	2 1 1
12	3 2 2 1
13	1 1 6 2 2
14	1 1 2 2 2 2 1 2
15	1 2 2 4 1 2 2
16	1 2 2 2 2 4 3
17	2 2 2 2 3 2 3
18	4 2 2 2 1 4
19	3 1 2 2 2 5
20	2 1 1 2 6
21	2 1 1 7
22	2 2 9
23	1 1 4 6
24	1 6 6
25	1 5 6

NemoNemo Logic Vol. 39

PART 8

SIZE : 25×25 30×30

난이도 ●●●

B34 어떡하지?

Column	Clues
1	2 5
2	3 2 2 3 3
3	2 3 2 2 2
4	5 3 2
5	3 2 1 2
6	10 1 2
7	7 1 1 4
8	5 1 1 6 1
9	6 3 3 1
10	4 3 1 1
11	5 3 1 1 1
12	6 1 1 1 1
13	6 1 1 1
14	4 2 1 1
15	5 1 3 1
16	6 3 1 2 1
17	6 3 1 3 1
18	7 2 2 2 1
19	8 2 1 3
20	6 1 2 2
21	7 5 2
22	2 2 2 2
23	1 2 2 2 2 2
24	4 2 2 2
25	2 6

Row	Clues
1	3 3
2	5 10 1 2
3	2 2 13 2
4	3 14 2
5	3 15 1
6	2 4 3 7
7	4 2 6 2
8	2 2 4 2
9	2 5 4 3
10	1 3 1 2 1 1
11	1 3 2 1
12	1 2 1
13	3 2
14	2 1 3 2 1
15	2 2 1 2
16	1 3 3 3
17	3 1 5 2 2
18	2 3 2 5 2
19	1 1 3 2 1
20	2 1 1 1 1
21	1 1 2 1
22	1 1 2 1
23	2 2 2 2
24	24
25	4 3

난이도 ●●●

B35 의사 선생님이 사용해요

Column clues (top to bottom):

Column	Clues
1	2 4 7
2	2 3 3 2
3	6 5 1 2
4	6 1 10 1
5	2 2 2 1 3
6	2 3 4 2
7	4 4 2
8	3 1
9	5 2 4
10	2 2 1 3 1
11	8 3 1
12	6 2 3 2
13	5 2 1 2 1
14	4 2 4 1 1
15	5 2 1 1 1 2 2
16	5 1 2 1 1 2 2
17	4 3 1 1 5
18	5 2 1 1 2
19	5 2 1 1 1 2
20	4 2 3 2
21	4 1 2 3
22	8 1
23	1 2 3 1 5
24	5 5 2
25	5 9

Row clues (left to right):

Row	Clues
1	2 8 3
2	2 10 2
3	6 12 2
4	6 12 2
5	2 3 2 2 2 2
6	2 2 1
7	3 3 5
8	3 3 2 2 3
9	2 2 1 1 1 1 1
10	2 1 1 2 5 1 1
11	7 1 2 3 1 1
12	1 3 1 2 2 2 2
13	1 1 1 2 7 1
14	1 1 2 4 2 1
15	1 1 1 4 6 2
16	1 1 1 2 2 2 2
17	8 8 2
18	1 1 2 5 1
19	1 1 1 1 1
20	1 2 1 1 1 1
21	1 1 1 2 1 1
22	1 2 2 2 1 1
23	2 2 1 4 1 1
24	2 6 1 1
25	2 1 1 1

난이도 ●●●

B36 경찰을 불러요!

Column clues (left to right, top to bottom)

Column	Clues
1	2
2	2 2 3 2
3	5 3 1 2 1 1
4	3 1 4 1 4 1
5	3 2 4 1 5 1
6	3 2 4 9 1
7	3 1 3 1 7
8	3 3 1 5
9	5 3 1 1 3
10	7 5 2
11	5 3 3 2
12	9 1 2 1 5
13	2 1 2 1 6
14	1 1 3 6
15	1 4 6
16	1 1 5 4
17	1 1 1 5
18	1 2 3 1
19	1 1 1 1
20	1 1 5
21	1 1
22	2 1
23	1 2
24	2 2
25	8

Row clues (top to bottom)

Row	Clues
1	8 7
2	10 2 3
3	13 2
4	3 5 1
5	5 4 1
6	1 2 1 1 1
7	1 2 1 1
8	5 1 1 1
9	7 1 1
10	6 3 1
11	8 4 1
12	2 3 1 1 2
13	1 1 1 1 6
14	2 1 6
15	10 1 1
16	1 1 1 1
17	1 3 1
18	1 1
19	11
20	12
21	6 9
22	5 7 1
23	6 7 1
24	1 1 5 1
25	6 4

난이도 ●●●

B37 느릿느릿

						1	1	2	3					1		1								
			2	1	1	1	2	2	1	6		3	1	1	1	1	1	3		2	2			
			1	3	3	2	3	1	2	1	1	2	2	1	3	1	2	2	1	1	2	4		
	2	1	1	9	3	1	2	1	2	1	5	2	2	1	1	1	2	2	5	1	2	1	2	
4	2	3	2	2	5	1	2	1	1	3	1	2	1	1	1	1	2	4	3	1	1	1	2	6
4	4	4	4	2	2	2	2	2	5	3	3	3	6	4	4	4	6	2	2	2	2	2	8	4

				6
			3	2
		2	3	1
	1	3	1	2
	1	2	1	1
			4	1
		2	1	7
		2	3	3
2	3	2	2	2
	1	2	5	2
	1	1	1	1
	1	4	5	3
		3	5	8
	2	2	2	1
	4	1	1	2
1	3	2	3	4
		2	13	1
			3	2
		1	6	6
	1	1	8	1
2	2	1	3	1
	5	1	6	2
		4	9	2
				25
				25

난이도 ●●●

B38 커다란 귀가 매력적인 여우

Column clues (left to right, top to bottom):

Col	Clue
1	2 14
2	2 6 7
3	4 4 5
4	1 5 3 3
5	1 5 5 7
6	1 5 5 2
7	2 5 2 1
8	1 7 1 1
9	1 2 2 2 1 1
10	2 1 3 1 1
11	1 3 2 3 1 1
12	2 3 2 5
13	1 1 1 1 4
14	1 1 1 1 1
15	1 3 2 1
16	1 3 3 1
17	1 1 1 1 5
18	1 3 1 6
19	1 3 2 2 1
20	2 1 1 1 1 1 1
21	2 2 1 4 3 1
22	1 8 6 3
23	2 4 3
24	1 4 3
25	4 3

Row clues (top to bottom):

Row	Clue
1	4 3
2	2 2 3 1
3	2 4 2 2
4	3 3 3 3
5	4 6 3
6	6 5
7	2 6 3
8	3 4 1
9	3 3 3 3 1
10	3 1 3 1 3 2
11	4 1 3 3 1
12	2 1 2 2
13	1 1 3 4 3
14	1 1 3 2 1 1
15	1 2 2 7 2
16	1 4 1
17	1 2 1
18	1 1 1 1
19	2 2 1 2 1
20	2 1 1 1 2 1
21	3 1 1 4 1
22	3 1 2 3 1
23	5 5 3 5
24	6 2 2 4
25	25

난이도 ●●●

B39 귀엽다고 해주세요

Column clues (left to right, top to bottom):

Column	Clue
1	9
2	3 1 1
3	4 1 3
4	4 2 1 1
5	1 4 11
6	4 2 1 3
7	3 3 1 4
8	2 4 1 1 1 1
9	1 2 1 2 1 1 1
10	2 3 3 1 1 1
11	1 3 1 1 1 1 2
12	1 1 2 1 1 1 1 1
13	1 1 4 1 5
14	1 1 2 1 1 1
15	1 3 1 1 5
16	2 3 3 1 1 1
17	1 2 1 2 1 1 2
18	2 4 1 1 1 1
19	3 3 1 1 1
20	4 2 1 1
21	1 9 1 4
22	3 2 8
23	2 1 3
24	5 1 1
25	8

Row clues (top to bottom):

Row	Clue
1	7
2	3 3
3	2 2
4	4 1 1 4
5	1 2 9 2 1
6	1 1 1 2 2 1 1 1
7	3 1 2 2 1 2
8	1 2 3 2 1
9	1 2 3 2 1
10	2 1 1 1 2
11	2 13 3
12	1 1 2 2 1 2
13	1 2 7 1 1
14	2 1 1 1
15	1 1 2 1
16	2 1 1 2
17	1 1 1 1
18	1 4 3 1
19	1 1 2 3 4
20	6 7 1 1
21	1 2 1 1 2 1
22	1 1 9 9 1
23	1 3 1 1 1 1 3
24	3 1 3 3 1
25	5 5

난이도 ●●●

B40 깡총깡총 뛰어요

Column clues (left to right):

Column	Clues
1	14
2	4 5
3	2 3
4	2 1
5	2 1
6	2 1
7	2 1 1
8	2 1 1
9	2 1 1 1
10	2 2 1 1
11	2 2 2 1
12	4 2 6 1
13	1 3 2 6
14	1 3 4 3
15	1 3 2
16	3 1 1
17	8 1 1 1
18	7 2 1 3 1
19	2 2 1 1 6
20	5 3 2 3
21	3 4 2
22	2 4 1 3
23	1 3 2 5
24	1 4 3 2
25	3 4

Row clues (top to bottom):

Row	Clues
1	5 4
2	1 2 2 1
3	1 3 1 2
4	2 2 2 1
5	1 2 1 1
6	2 2 1 2
7	1 4 2
8	2 4 2
9	4 1
10	7 2 2
11	11 2
12	5 2 3 1
13	3 1 2 2
14	2 1 1
15	2 2 1
16	1 2 2 3
17	1 2 5
18	1 2 6
19	1 1 2
20	1 2 3
21	2 3 4
22	2 7 2
23	3 3 3
24	3 3 3
25	21

난이도 ●●●

B41 어딘가 허전할 때 둘러요

Column clues (left to right, top to bottom):

1	2	3	4	5	6	7	8	9	10	11	12	13	14	15	16	17	18	19	20	21	22	23	24	25
												1												
									1	1	1	5	1											
								3	3	4	4	3	5	1	1	2		3	4					
								3	2	2	2	1	3	5	5	6	2	4	1					
							5	2	2	3	1	1	1	1	1	3	7	3	2	11	10	6		
					6	12	3	2	3	1	3	1	1	1	1	1	2	1	4	1	1	2		
7	7	5	2	1	8	1	6	4	1	1	1	1	2	5	1	2	5	2	2	3	1	1	5	7

Row clues (top to bottom):

					10
				2	5
				9	4
				11	3
			3	9	4
			3	9	3
			2	7	3
			2	4	3
			4	3	7
		4	2	1	3
		4	2	1	2
			1	1	3
			1	3	3
			2	2	3
			2	2	2
			8	2	1
		1	2	1	1
			3	2	6
	6	2	4	1	4
4	1	4	1	3	3
3	1	1	3	1	2
3	1	2	1	1	2
	3	1	1	2	6
2	1	1	2	1	1
	2	1	4	1	1

난이도 ●●●

B42 임금의 딸

Column	Clues
1	1 7
2	1 2 5
3	6 2 4
4	1 1 3
5	1 1 2
6	6 1 3
7	3 10 2
8	15 1
9	5 5 4 1
10	5 3 2 1 1
11	2 7 7
12	3 2 4 2 2
13	4 4 1 1 1
14	4 5 1 2 3
15	3 4 3 1 1 1
16	2 1 3 3 1 1 1
17	1 2 3 1 2 4
18	2 1 2 2 1 1
19	2 2 2 2 1
20	2 3 5 2 1
21	2 4 3 1 1 2
22	4 12 2
23	6 1 2 3
24	2 4
25	7

Row	Clues
1	10
2	10 2 2
3	1 4 4 1 4
4	1 4 2 3 1 1
5	5 3 1 2
6	1 2 1 7 1
7	1 2 11
8	1 4 7 4
9	4 5 3
10	9 3
11	7 1
12	6 4 3
13	3 1 1 2 4
14	2 1 2 3
15	3 1 1
16	4 3 2 2
17	2 3 4 4
18	2 1 2 2 1 1 2
19	1 5 3 1
20	1 1 6 1
21	2 1 1 1
22	3 5 1 2
23	4 2 2 2 5 3
24	6 3 1 5
25	5 2 3

난이도 ●●●●

B43 꿀꿀

Column clues (top to bottom):

Column	Clue
1	15
2	1 3 6
3	2 1 3
4	3 2 3
5	1 1 3 5
6	3 4
7	3 2
8	1 3 5
9	1 2 2 3
10	1 7 1 3
11	1 1 2 2 3
12	1 3 2 5
13	2 2 1 2
14	3 2 2 2
15	4 2 3 5
16	4 1 3
17	4 3 2
18	4 2 1 2
19	4 1 3 3
20	2 1 1 1 6
21	1 3 2 1 3 2
22	1 1 2 2 2 1 2
23	2 3 6
24	16
25	12

Row clues (left to right):

Row	Clue
1	2 18 1
2	1 2 2 8 1
3	1 6 2 6 2 1
4	2 1 1 2 7 1
5	3 2 2 2 2
6	2 3 4
7	1 2 3
8	1 1 2
9	1 1 2 2 2
10	1 1 2 2 2
11	1 1 1 2
12	1 1 2 5 2
13	1 1 2 1 2 3
14	1 2 4 1 1 1 2
15	2 3 4 1 1 2
16	1 4 5 1
17	1 2 4 1
18	1 1 1 1 1
19	4 4 1 2 1
20	4 3 1 5 2
21	3 2 1 6 1
22	1 1 1 1
23	1 1 1 1
24	4 4
25	3 3

난이도 ●●●●

B44 물건을 넣고 다녀요

세로	힌트
1	3 4
2	4 6
3	5 1 4 5
4	4 1 4 1 5
5	2 5 2 5
6	1 1 4
7	1 16
8	12 3
9	1 3 2
10	3 2
11	5 5 1
12	6 1 1 1 1
13	2 1 1 1 1
14	3 1 1 1 1
15	1 1 1 1 1 3
16	3 1 1 1 5
17	2 2 1 1 1 1 3
18	8 1 1 1 3
19	4 5 1 3
20	2 5
21	2 1 1 2 3
22	2 1 10 3
23	2 2 3
24	3 2
25	0

가로	힌트
1	2 1 1 1
2	3 1 2 2
3	2 1 1 1 1 2
4	3 3 1 1 2
5	3 8 1
6	3 2 3 2
7	2 2 2 3
8	6 2 3
9	1 15
10	1 2 1
11	1 2 1
12	2 2 9 1
13	1 2 1 1 1
14	1 2 1 1 1
15	2 2 1 1 1
16	1 2 1 1 1
17	3 2 7 1
18	2 5 2
19	2 4 2
20	4 1 12
21	5 1 1 5
22	7 10
23	7 9
24	7 5
25	5

난이도 ●●●●

B45 나이가 많아요

Column clues (top to bottom):

Column	Clues
1	2
2	2
3	5
4	2 4 3
5	2 1 1 4
6	1 3 2 5
7	1 9 1 2
8	1 7 3 1
9	2 11 2 1
10	2 11 5
11	10 1 2
12	3 1 2 1 2
13	6 2 1 2 2
14	3 1 5 6
15	4 10 2 2
16	4 10 4
17	5 1 2 1 2
18	4 2 2 2 2
19	6 1 1 2
20	4 1 1 2
21	2 3 2 2
22	2 1 3
23	1 13
24	2 14
25	4

Row clues (left to right):

Row	Clues
1	7
2	12
3	12
4	1 1 8
5	3 1 4
6	1 1 1
7	6 4
8	2 5 2 1
9	2 3 5 3
10	2 4 4 1 2
11	1 5 2 4 1
12	1 5 3 2 2
13	1 5 3 4
14	8 5 4
15	1 4 3 4 2
16	1 11 2
17	4 2 1 2
18	1 1 1 2
19	2 1 1 2
20	2 1 1 2
21	5 3 2
22	3 1 2 2
23	3 1 1 2
24	2 12 5 2
25	2 3 6 5 2

난이도 ●●●●

B46 식물에게 물을 줘요

1	2	3	4	5	6	7	8	9	10	11	12	13	14	15	16	17	18	19	20	21	22	23	24	25
											2													
										2	1										1			
									4	3	2	2							3	5	2	2		
2					2	9	8		3	3	3	2						2	2	1	2	2		
6		8	2	8	6	1	1	3	2	1	2	5	6	7		6	5	1	2	1	2	2	8	
3	9	2	1	4	2	1	2	3	2	1	2	3	3	2	7	1	2	3	2	1	2	3	3	11
3	2	4	3	3	2	2	3	2	1	3	1	2	2	2	2	2	2	2	1	3	1	2	2	2

Row	Clues
1	4
2	3 2 3
3	2 2 7 2
4	3 4 9 2
5	2 1 2 7 2 2
6	8 2 5 4
7	8 2 4 3
8	3 4 1 3 2
9	3 4 1 3 1
10	3 4 4 1
11	3 4 1 1
12	2 2
13	2 1
14	3 1 2
15	2 6 2
16	3 8 3
17	2 12 3
18	1 2 3
19	1 1 3 3
20	1 1 1 2 2 2 2
21	1 1 1 1 1 1 1 1 1
22	1 1 2 2 2 2
23	1 1 2 3 2 2 3 2
24	1 1 3 1 3 3 1 3
25	1 1 6 5

난이도 ●●●●

B47 케첩 뿌려주세요!

Column clues (columns 1–25, top to bottom):

Col	1	2	3	4	5	6	7	8	9	10	11	12	13	14	15	16	17	18	19	20	21	22	23	24	25
						10	10	8		5	3	2													
			9	10	11	2	2	3	6	2	4	1	3		2	3	1	1							
		8	2	2	5	4	2	2	5	2	2	2	2	4	2	2	2	2	2						
	6	4	3	2	2	2	4	3	2	2	2	5	3	1	2	2	4	2	2	3	10	4	4	4	3
	5	2	2	1	1	1	1	1	2	2	2	3	2	2	2	2	4	5	6	8	6	3	3	3	2

Row clues (rows 1–25):

Row	Clues
1	4
2	7
3	8 2
4	9 3
5	10 4
6	11 4
7	12 8
8	11 3 4
9	8 6 2
10	5 4 3 1
11	3 3 4 1 1
12	5 3 1
13	4 3 2 1
14	6 6 2
15	2 4 3 2
16	5 3 2
17	2 5 2 4
18	1 2 6 5
19	3 2 3 6
20	4 2 7
21	1 6 2 6
22	1 4 3 3
23	2 3 3
24	2 4 3
25	8 2

난이도 ●●●

B48 너무 더워요

Column	Clues
1	1
2	1
3	1
4	7 1
5	4 3 1
6	2 3 2 1
7	2 6 2 3
8	2 4 4 4
9	2 4 1 1 2 1
10	2 3 3 4 1 1
11	1 5 3 1 1 1 3
12	2 6 3 1 2 1 1 1
13	1 13 1 6 3
14	1 9 3 3 1 2 1
15	1 5 1 5 1 4
16	1 3 2 5 7 1
17	1 3 8 9
18	1 2 2 1 3 6 1 1
19	2 2 1 2 4 1 1 3
20	1 4 2 4 1 3
21	2 3 2 3 1 1
22	3 3 3 2 1
23	3 2 3 4
24	3 8 3
25	3 3 1
26	9 1
27	4 1
28	1
29	1
30	1

Row	Clues
1	8
2	4 4
3	3 6 3
4	2 8 3
5	2 7 3 2
6	2 6 2 2
7	1 6 5 2
8	1 5 2 2
9	2 4 1 1
10	1 2 6 4 2
11	1 4 2 8 2
12	1 6 1 1 3 2
13	1 9 2 1 2
14	1 2 8 1 1
15	2 1 5 2 3
16	1 1 2 2 2
17	2 1 3 1 3
18	5 2 2 3
19	2 5 5
20	3 3
21	4 4
22	7
23	1 3
24	1 3
25	1 3
26	5 7
27	9 4 9
28	2 10 2
29	2 1 1 1 1 2 2
30	16

난이도 ●●●

B49 차를 마셔봅시다

Column clues (top to bottom, columns 1–30):

Column	Clues
1	9 9 2
2	9 4 3 2
3	9 2 3 2 1
4	9 1 2 2 2 2
5	9 1 1 1 1 2
6	2 6 1 1 1 1 2
7	2 5 1 1 1 1 2
8	2 4 1 1 1 1 2
9	2 3 1 1 1 1 2
10	3 5 1 1 1 2
11	3 5 2 2 2
12	4 5 2 2
13	5 3 2 4
14	3 2 6 3 2
15	2 2 1 6 1
16	2 2 1 7 1
17	4 1 1 2 1 2
18	1 3 1 1 1 3 2
19	1 3 1 1 1 2 2 2
20	4 1 1 1 1 1 2
21	2 1 1 1 1 1 1
22	2 2 1 1 1 1 1
23	3 2 2 1 1 1 1
24	3 2 1 3 1 1
25	5 2 4 2 2
26	7 2 5 2
27	5 8 4 2 1
28	5 4 2 7 1
29	6 2 2 2
30	11 5

Row clues (left to right, rows 1–30):

Row	Clues
1	30
2	17 11
3	5 5 4 8
4	6 2 4 6
5	7 2 2 7
6	8 3 3 1 2
7	8 9 3 1
8	9 2 1
9	9 2 1
10	2 2 1
11	1 1 2
12	1 3
13	2 2
14	9 2
15	2 2 2
16	2 10 3
17	4 13
18	3 3
19	1 2 2 1 7
20	1 8 1 2 4
21	1 4 10
22	2 4 2 4
23	3 2 4 3
24	4 2 2 2 2 1
25	8 3 7 2
26	1 4 3
27	2 4 2 2 1
28	12 2 2 1
29	7 2 3 2 2
30	3 7 4

난이도●●●

B50 아기가 입으니 더 귀여워요

											1	2				1													
								1		2	2	2	1		1	2	1	2	2					1	2	4			
				3		2	1	3	3	2	2	1	2	1	2	2	2	2	2	2	2	1	1	2	2	1			
	1		5	2	4	2	11	7	3	2	2	1	1	4	2	1	2	4	4	2	3	2	10	2	2	2			
	3		3	1	1	2	2	1	4	2	1	2	3	2	2	2	1	2	2	2	2	5	2	2	4	2		4	
3	7	16	3	2	1	2	2	1	4	2	2	1	6	2	6	1	2	1	1	4	2	2	4	2	1	3	7	2	2
12	3	2	1	1	4	1	1	2	3	3	3	4	4	4	4	4	3	3	3	2	2	5	1	1	2	3	7	8	12

					5	7
			2	4	3	4
			1	3	3	2
		1	2	2	4	1
	4	2	3	2	3	1
		2	3	2	1	2
				1	1	3
				1	10	2
				6	6	1
			3	3	4	1
1	3	2	3	4	1	1
5	2	2	2	1	1	1
	5	2	1	1	2	3
3	2	5	2	1	1	3
	1	3	3	2	2	5
		1	4	3	2	3
		1	3	5	2	1
1	2	1	3	1	2	1
	7	1	3	3	1	6
5	1	1	1	1	2	2
4	1	1	1	1	1	1
3	3	1	1	4	2	1
		3	2	3	1	2
					7	8
				4	2	3
			1	2	2	3
		1	2	5	1	3
		2	1	11	1	4
			3	1	15	5
						30

난이도 ●●●

B51 귀가 뾰족한 종족

Column clues (left to right, top to bottom):

Col	Clues
1	6 4 3
2	1 4 10
3	9 2 6 3
4	3 11 5 2
5	2 3 3 8 2
6	1 2 2 2 2 3
7	2 3 4 5 2 2
8	4 2 2 2 2 1
9	2 1 1 1 3 2 3
10	1 3 1 2 4
11	1 2 3 2 1 4
12	1 2 3 1 2 2
13	1 2 2 2 2 4
14	1 3 2 2 2 1
15	1 1 2 1 2 1 4
16	1 2 2 2 5
17	2 1 12
18	2 2 3 2
19	5 2 5
20	3 7 9
21	5 2 8 3
22	8 2 3
23	2 4 3 2 3
24	6 9 4
25	9 3 5 2
26	4 11 4 2
27	1 8 9 2 1
28	7 4 10 2
29	7 11 6 3
30	1 9 5 5 5

Row clues (top to bottom):

Row	Clues
1	13 7 1
2	5 10 3
3	2 1 4 6
4	1 2 12
5	2 1 2 5 4
6	1 3 3 9
7	1 2 3 3 2 6
8	1 1 1 5 2 4 1
9	13 3 4 2
10	2 3 2 2 1 5
11	2 1 3 2 1 4 3
12	4 7 1 1 8
13	6 2 1 1 1 8
14	2 1 1 3 1 2 2
15	3 1 1 2 7
16	5 1 2 1 7
17	2 2 3 2 1 2 4
18	6 5 3 1 6
19	1 5 3 3 1 5
20	3 1 2 2 1 2 3 1
21	5 2 3 1 2 1 3
22	4 5 1 1 4
23	5 1 1 2 4
24	2 1 1 3 3 3
25	4 3 2 1 5 1
26	3 1 1 1 1 2 5 2
27	2 3 1 1 2 2 5 1
28	2 3 3 1 2 2 3
29	2 3 1 1 2 1 2
30	1 1 1 2 2 1 2

난이도 ●●●

B52 부지런히 꿀을 모아요

Column	Clues
1	3 6
2	1 1 4 2
3	3 3 1 1 8
4	1 2 3 2 2 10
5	4 3 1 1 2 1 4
6	1 1 1 4 1 4
7	3 1 1 1 2 1 1 2
8	1 1 1 1 1 3 1 1 1 3
9	3 1 3 2 1 4 1 4
10	1 1 3 1 6 1 1 4
11	4 3 1 2 1 3 4
12	2 2 3 7
13	3 3 4 2
14	6 1 2
15	6 2 7
16	3 4 6
17	2 3 2 4 2
18	2 3 8 2
19	1 2 7 3
20	1 2 7 5
21	1 2 5 6
22	3 3 5 1
23	2 2 1 6 2
24	2 2 9 2
25	2 2 8 3
26	2 3 5 4
27	2 3 2 5
28	3 3 2 7
29	4 4 12
30	12 5 3

Row	Clues
1	3 3 14
2	1 3 1 3 3 9
3	3 1 3 1 2 2 3
4	1 1 2 2 2
5	9 1 2 1
6	2 2 1 2 1
7	2 1 1 1 1
8	4 4 3 2 1
9	2 2 3 1 1 2
10	2 2 3 1 2 3
11	1 1 1 5
12	1 2 2 4 8
13	1 6 5 8
14	2 2 6
15	3 3 8
16	7 3 4 4
17	1 2 1 1 4 5
18	2 4 1 4 3 2
19	2 1 2 6 4 1
20	2 5 5 4 1
21	3 1 5 4 2
22	2 4 4 5 3
23	2 5 1 5 3
24	2 2 2 5 4
25	10 6 5
26	2 1 4 5
27	4 4 10
28	4 5 8
29	10 2
30	8 1

난이도 ●●●

B53 앙증맞은 케이크

Column clues (left to right, top to bottom):

Column	Clues
1	1 6
2	3 2 3
3	2 2 1 3
4	1 14 2
5	1 2 2 4 1 2
6	6 3 7 2 1
7	1 1 2 1 4 1 2
8	2 2 1 2 2 2
9	1 4 1 4 1 2
10	3 3 1 6 1 1
11	5 1 1 7 1 1
12	1 1 1 1 1 5 1 1
13	5 4 1 2 2 1 1
14	2 5 1 1 5 1 1
15	1 6 1 1 3 1 1
16	1 6 2 1 1 1
17	1 9 1 3 1 1
18	1 6 1 1 6 1 1
19	7 2 1 1 5 2 1
20	1 9 1 1 5 1 1
21	2 3 2 2 1 2 2 1 2
22	3 7 1 4 2 2
23	1 1 2 1 2
24	3 2 4 2 2
25	4 2 3 2 2
26	13 2
27	1 2
28	2 3
29	2 3
30	6

Row clues (top to bottom):

Row	Clues
1	2
2	2
3	3 1
4	1 3 6 2
5	1 1 2 3
6	1 2 1 3 4
7	1 1 1 6 1
8	6 14
9	2 2 1 10 1
10	2 3 7 1 2
11	3 4 7 1 2 2
12	5 2 2 2 3 2
13	3 3 2 3 3
14	1 3 7 2 1
15	1 3 3 1
16	3 10 2
17	4 3
18	1 2 5 4 1 1
19	4 3 3 2 2 3
20	4 4 2 4 1 3
21	3 4 2 4 1 4
22	5 6 5 1 2
23	2 1 4 4 2 2
24	1 3 2 2 2 1
25	1 3 3 1
26	2 4 4 2
27	3 8 3
28	5 6
29	7 8
30	18

난이도 ●●●

B54 마법을 부려요

Column clues (top to bottom, columns 1–30 left to right):

Column	Clues
1	4 4
2	2 1 3 2 1
3	3 2 2 6
4	4 1 1 1 4
5	4 2 1 2 5
6	9 4 2 2 2
7	9 5 1 2 1
8	8 5 3 2 2
9	7 7 3 5
10	6 3 2 4 5
11	5 2 1 2 4
12	4 4 3 2 5
13	2 1 2 3 15
14	2 2 1 3 13
15	1 1 2 1 15
16	2 2 3 18
17	2 2 2 3 2 4
18	2 8 4 5
19	1 2 4 5 5
20	1 3 2 2 5 2
21	2 3 1 2 1
22	3 1 2 2
23	3 1
24	2 6 1 1
25	1 7 3
26	3 5 6 5
27	2 6 2 7
28	1 2 9
29	2 2 13
30	3 17

Row clues (left to right, rows 1–30 top to bottom):

Row	Clues
1	10 5 3
2	12 3 2 2 2
3	1 14 1 1 1
4	2 11 2 2 2
5	7 1 3
6	6 4 2 2
7	4 3 3 1 1
8	3 3 3 1
9	3 6 4 2
10	3 2 2 3 1
11	2 2 2 1 1
12	1 3 3 3 1
13	2 5 2 4 3
14	18 2 1 1
15	4 1 1 5 1 1
16	3 5 2 1 1
17	3 1 4 1 3 1
18	2 1 4 1 3 2
19	3 10 3 2
20	1 2 12 3 2
21	1 2 1 4 3 3 2
22	5 2 4 1 2 1 3
23	3 1 4 2 4 3
24	4 4 1 4
25	1 4 1 4
26	16 5
27	15 5
28	11 6
29	1 6 6 1 6
30	5 2 2 5 7

난이도 ●●●

B55 촛불을 후 불며 소원을 빌어요

Column clues (left to right, top to bottom):

Column	Clues
1	8
2	5 3 1 2
3	12 2 5
4	1 4 2 2 8
5	1 3 1 1 6 3
6	1 2 2 2 2 2 2
7	2 2 2 1 1 3 2
8	1 3 1 1 6 3 1
9	5 2 1 2 1 3 1
10	3 3 1 2 1 1 1
11	3 2 1 1 8 2 1
12	3 2 2 1 3 1
13	3 4 2 1 3 1
14	6 2 6 2 1
15	2 1 2 2
16	3 6 3 2
17	7 2 4 3
18	6 2 1 1 8
19	5 2 2 5 5
20	2 3 1 2 2 1 1 2
21	2 2 3 2 1 2 1
22	2 1 2 2 5 1
23	1 2 3 2 1 2 1
24	2 2 2 2 2 1 1
25	2 3 2 5 1
26	2 5 3 1 1 1
27	10 1 3 1 1
28	5 2 2 1 3
29	8 2 2 1
30	4 7 1

Row clues (top to bottom):

Row	Clues
1	3 3
2	1 2 2 2
3	1 3 2 2
4	1 4 2 2
5	1 6 1 1
6	1 8 3 3
7	8 2 12
8	4 2 1 5 7
9	6 2 1 2 5
10	3 2 1 1 3 2 4
11	2 4 1 3 1 2 1 2
12	2 2 2 2 4 4
13	2 2 3 2 5
14	8 4 2 2
15	3 2 10
16	2 2 2 2 5 2
17	2 2 3 2
18	1 2 1 2 1 4 1 1
19	2 1 2 1 2 1 3 1 1 1 1
20	1 1 1 1 1 1 1 1 5 1
21	1 12 1 1 1 1
22	1 2 1 1 1 2 1 3 1 1
23	1 2 1 1 1 5 3 2
24	1 4 4 5
25	1 1 13 1
26	4 3 4 1 13
27	2 2 2 2
28	4 4
29	6 6
30	17

난이도 ●●●

B56 학식과 인품을 갖춘 사람

Column clues (left to right, top to bottom)

Column	Clues
1	1 7
2	1 4
3	1 3
4	2 1 3 2
5	3 2 5
6	5 1 5
7	5 1 4
8	5 2 1
9	7 1 2
10	7 2 1
11	1 5 3 1
12	8 7 3 2
13	11 2 3 7
14	2 1 6 2 2 2
15	1 1 2 3 1 2
16	1 5 2 2 10
17	1 10 2 1 11
18	12 2 2 2
19	12 1 3 3 2
20	10 3 1 5
21	3 7 2 4
22	1 5 9 2
23	11 2 4
24	6 7
25	6 1
26	5 1
27	5 2 2
28	3 1 4
29	2 3
30	6

Row clues (top to bottom, left to right)

Row	Clues
1	6
2	3 2
3	2 5
4	9
5	2 5
6	2 12
7	3 6 7
8	6 5 7
9	5 3 4 7
10	7 2 11
11	22
12	20
13	7 3
14	6 3 1 1
15	4 2 1 1
16	1 1 4
17	5 2 2 1 1
18	4 1 2 1 1
19	3 2 1 2
20	2 11
21	1 4 3
22	2 4 1 4
23	7 2 1 3
24	4 2 4 2 1 1
25	6 1 2 3 1 2
26	7 1 2 3 2 1 1
27	2 3 1 2 1 1 1 1
28	1 3 1 2 1 1 1 1
29	1 10 2 2 2 2 1
30	1 1 1 1 1 1 1 1 1

난이도 ●●●●

B57 늪지대에 살고 있어요

Column clues (left to right, top to bottom):

Col	Clues
1	4 4 2
2	10 6 2
3	5 5 1 2 3 2 2
4	4 6 2 1 7
5	1 2 2 2 1 2 3
6	3 1 1 2 5 3
7	3 2 1 2 2 1 3
8	3 2 2 3 1 3
9	2 2 2 1 3 3
10	1 2 1 1 2 1 1
11	2 1 2 5 3
12	3 1 3 2 1 1 1
13	3 2 2 1 3 1 3
14	3 6 3 1 3 1 1
15	2 2 1 1 3 1 2 3
16	1 1 1 2 5 3
17	3 1 1 3 4 3
18	3 4 1 1 2 4
19	3 2 5 3 4
20	1 7 3 4
21	2 3 2 5
22	2 5
23	3 4 7
24	3 2 5 3 1
25	5 8 2 2 2
26	1 10 2 2 1
27	2 4 3 4 2
28	3 2 2 4 3 1
29	4 3 4 3 5 2
30	5 11 4

Row clues (top to bottom):

Row	Clues
1	2 3 3 5
2	4 14 4
3	2 10 3 4 3
4	5 4 2
5	3 3 1
6	3 8 5
7	2 4 6 6
8	2 3 1 3 3 1
9	2 2 2 3 1 2
10	4 2 1 2 3 1
11	4 5 2 4 1
12	3 2 4 1
13	4 1 2 1
14	3 2 2 2
15	1 4 2
16	4 4 4 3
17	7 2 4 3 3 3
18	2 2 5 4 3 2 1 1
19	3 2 1 4
20	3 2 1 1
21	2 4
22	18 4
23	1 3 3 2 1 1 2
24	2 1 2 1 2 4 1 1
25	3 3 5 1 1
26	14 5 1
27	2 8 2
28	21 1
29	9 1 1 9 1 1 2
30	30

난이도 ●●●●

B58 잘 구워진 식빵이 튀어나와요

				1	2																								
			4	1	2	1									2	3	3	2	2	2	2								
			1	2	1	1					3				3	2	2	3	3	2	2	4	2						
		2	2	4	4	1	8				1	3	3	3	2	2	1	2	2	1	2	2	2	5	2	2			
	8	3	2	1	2	6	2	9	10	3	2	8	9	9	1	1	2	1	1	2	1	1	2	1	2	1	3	5	
	1	3	2	1	2	6	3	1	2	2	2	1	1	2	2	1	1	2	1	1	2	1	2	1	2	1	2	1	
12	3	3	2	2	1	1	1	2	1	15	1	2	1	1	1	1	2	2	2	3	3	4	4	4	5	5	6	6	15

					5
					11
				9	2
				7	1
				4	6
				3	12
			3	8	1
			3	4	1
			5	3	3
		3	3	3	5
		2	9	3	2
	3	4	3	5	4
	1	3	9	3	1
	1	3	6	4	1
		4	3	4	1
	2	3	3	4	1
		3	1	5	1
		1	4	1	1
		2	3	1	1
		1	3	1	1
		1	3	1	1
			1	1	3
	1	4	1	3	1
1	2	3	1	3	1
	3	2	1	3	3
1	2	3	1	4	5
	1	4	1	4	8
	3	3	1	4	10
			5	5	13
			7	1	15

난이도 ●●●●●

B59 사람의 피를 마셔요

													4		5	5													
													2	4	1	1		4											
		1	2	1	6	4					3	3	1	2	1	1	4	3	3	3		5	6	1					
		2	2	2	2	2	6	11	7	4	3	3	2	2	1	1	5	1	3	1		1	2	2	4	3	2		
3	4	2	2	1	3	4	2	3	4	1	4	3	1	1	1	1	2	4	4	7	13	4	1	2	4	1	2		
7	3	6	3	2	5	8	7	3	5	11	4	5	8	10	7	7	12	8	5	3	8	2	4	8	5	3	7	3	8

10
14
15
5 6 3
4 2 2
4 2
5 3
1 7 6
1 1 4 3 1 1
1 1 2 1 3 1 1
1 1 1 1 1
4 1 1 5
3 2 3 1 2
2 3 2 4
4 2 6 1 5
5 3 1 1 1 2
2 3 4
2 4 5
2 16
10 5 4
2 6 6 2 1 2
2 2 4 1 1 3 2 1
1 2 2 2 2 2 1 2 1 2
2 1 2 13 2 2 1
1 2 2 11 2 1 1
1 1 2 11 2 1 1
1 1 2 9 2 1 1
1 1 2 8 2 1 1
1 1 2 6 2 1 1
1 1 2 6 2 1 1

난이도 ●●●●

B60 원! 투!

						1																7							
					2	5															6	1							
			11	11	3	2			5	5	4	4	5					7	5	1	2	2	7						
	12	11	1	1	2	4		5	3	1	2	2	1	6	8	6	8	2	2	2	7	4	1	7	8	8	8	9	
13	2	2	3	3	2	2	7	3	6	4	6	2	2	1	1	1	3	2	2	5	1	2	3	2	1	1	2	3	
8	7	7	4	4	1	1	8	5	2	2	4	2	1	3	3	4	5	3	1	3	2	1	2	4	1	2	2	2	10
6	5	4	2	1	5	4	3	2	1	2	3	6	3	3	3	2	2	2	2	2	2	2	4	3	2	2	3	4	19

				7	8	10
				6	11	9
				5	14	9
				5	14	9
			5	5	7	9
			5	4	6	9
		5	2	1	4	8
5	1	4	1	2	2	5
		6	2	2	4	2
		7	2	1	4	1
		7	2	1	1	2
		2	3	6	2	2
	1	4	4	2	1	2
		2	2	3	3	1
		2	1	3	2	1
	1	2	1	1	3	1
1	3	1	2	1	3	2
2	2	1	1	4	5	2
		5	4	6	3	1
		10	1	4	2	1
	4	2	1	2	3	1
3	2	1	2	2	2	1
3	3	2	2	2	1	1
3	2	2	1	1	3	1
	1	4	1	2	3	1
		2	4	3	2	1
		3	4	4	3	2
	3	5	3	2	2	3
				4	6	15
					5	15

난이도 ●●●●

B61 어두운 방에서도 책을 읽을 수 있어요

Column clues (top to bottom)

Column	Clues
1	4 1
2	9 4
3	2 2 1 3 1
4	2 1 2 3 5
5	1 3 1 4 3 1
6	2 2 3 5 1 1 1
7	2 1 2 6 1 1 1
8	3 2 2 6 1 1 1
9	2 2 2 3 1 4 1 1 1
10	3 1 5 1 4 1 1 1
11	1 5 5 1 6 1 1
12	9 4 1 3 2 1 1
13	3 10 4 2 3
14	2 8 3 2 4
15	2 2 2 2 4
16	2 4 4
17	2 1 4 2
18	2 5 1 2
19	3 4 2 1
20	3 1 4 1
21	3 1 1 2 1
22	1 16 2 1
23	2 16 2 1
24	3 1 4 1
25	2 1 3 1
26	2 1 1 2
27	4 1 2 2
28	1 1 1 3
29	3 1 1
30	1 1

Row clues (left to right)

Row	Clues
1	3
2	2 2
3	8
4	2 7
5	4 2 4
6	3 4 3
7	2 3 5
8	2 2 2 2
9	1 3 1 2
10	1 2 6
11	1 2 2 4
12	2 4 2 2 1 1
13	6 4 2 2 3
14	3 1 6 2
15	2 2 7 2
16	3 9 2
17	9 2
18	2
19	10 2
20	3 4 2
21	10 4 2
22	11 2 2 2
23	12 2 14
24	10 2 4 2
25	1 3 3 6
26	11 3 2 4
27	2 3 8 2
28	12 1 5 3
29	1 3 2 3
30	11 10

난이도 ●●●●

B62 사랑을 속삭여요

Column clues (left to right, top to bottom):

Column	Clue
1	12 4
2	13 2
3	4 3 1
4	1 4
5	2 1 1 1
6	5 1 6 1 1 1
7	10 1 1 1 2
8	6 4 1 1 1 3
9	4 4 5 1 1
10	3 1 1 1 2 2 1
11	3 2 2 1 1 2 1 1
12	3 2 1 1 1 1 3 1
13	3 2 3 4 1
14	2 3 3 1 1
15	4 2 2 1 10 2
16	8 2 2 6
17	4 1 2 4 2
18	7 5 2 1
19	2 2 7 5 1
20	2 2 4 2 4
21	3 2 2 2 3
22	3 2 1 1 2 2 1
23	5 1 2 3 2
24	6 4 1 3 1
25	6 9 3 3
26	5 12 4
27	10 3 2 1
28	8 1 2 2
29	2 1 10
30	17

Row clues (top to bottom):

Row	Clue
1	8
2	10
3	8 3 5
4	4 3 8
5	3 3 4 7
6	3 2 5 6
7	2 3 2 7
8	1 1 2 1 2 1 5
9	2 3 2 1 1 1 2
10	3 2 1 3 3
11	10 2 1 4
12	3 2 4 2 5
13	2 5 14
14	3 4 4 2
15	3 1 4 3 1
16	2 1 4 3 1
17	2 1 2 3 8
18	2 1 3 1 4 3 1
19	2 1 2 1 1 1 2 2 1
20	2 6 1 1 1 1 1
21	2 1 2 1 1 2 2
22	2 1 1 1 2 2 2
23	3 4 1 2 2 3
24	10 1 1 2 3
25	4 2 1 1 1 2
26	13 1 2 2 2
27	4 1 4 1 2
28	2 2 1 2 2 2
29	1 2 9 6
30	1 3 4 1 3 3

난이도 ●●●●

B63 원두에서 커피를 추출해요

Column clues (top to bottom):

Column	Clues
1	8 2
2	2 6 2
3	1 2 3 2
4	1 3 2 2
5	1 3 1 2
6	1 3 1 2
7	2 4 2 2
8	3 4 3 2
9	5 8 3
10	2 2 1 2 1 3
11	4 3 4 4
12	5 2 8
13	1 16 2
14	1 2 2 2 1
15	2 2 1 2 3
16	1 5 2 11
17	1 1 2 7 7 2
18	5 2 2 2 2
19	1 3 2 2 3 2
20	1 3 2 2 3 2
21	4 2 7 6 2
22	1 1 5 5 6
23	2 3 5 2
24	1 3 7 2
25	4 5 4 2
26	7 1 4
27	1 3 2 1 1
28	4 6 1 3
29	11 1 5
30	8 1 7

Row clues (left to right):

Row	Clues
1	4
2	2 2
3	4
4	9
5	4 3 3
6	2 5
7	5 4 3
8	23
9	7 9 5
10	3 1 1 1 2 2
11	1 1 1 1 1 2
12	2 1 2 2 2 3
13	2 1 1 1 1 3
14	1 1 1 1 1 3
15	3 1 1 1 3
16	7 3 1 1 3 3
17	2 3 12 1
18	1 8 1 9
19	1 7 1 2 3
20	6 1 1 12
21	2 5 8 2
22	2 2 2 2 3 7
23	2 2 1 2 1 1
24	3 3 1 2 1 2 1
25	3 2 2 2 2 1 1
26	5 2 2 1 1 2
27	1 4 1 1 2 2
28	13 2 4 3
29	9 12 3
30	8 4

난이도 ●●●●

B64 너의~♪침묵에~♬

열	열 힌트
1	4 8
2	2 4 2
3	2 1 2 1
4	2 2 4 1
5	2 1 5 1
6	2 2 1 2
7	1 5 2 2
8	3 2 1 1 1 1 3
9	8 1 5 2 1 3
10	5 1 3 2 2 1 3
11	4 1 5 2 5 4
12	4 3 4 1 3 3 1
13	5 1 1 2 1 3 2 2
14	5 1 1 2 1 3 2 2
15	5 1 1 1 1 2 3 2
16	5 1 2 2 8 2
17	6 3 3 10 2
18	13 8 3
19	5 5 4 3
20	1 3 3
21	1 4 3
22	1 8 3
23	2 4 6
24	1 2 3 4
25	5 3 4
26	3 2 1 4
27	5 2 1 4
28	8 2 4
29	5 4 4
30	4 4

행	행 힌트
1	8
2	10
3	12
4	12
5	3 7
6	1 3
7	4 2 2
8	1 1 2
9	2 2 2
10	2 8 3
11	8 2 3 4
12	3 2 3 6
13	2 9 6
14	2 4 4 6
15	2 1 3 2
16	2 1 3 1
17	2 3 7 5 3
18	1 4 3 9 2 1
19	4 5 6 3 1
20	2 1 7 1 2 2
21	1 12 1 4
22	3 6 3 1
23	1 3 2 3 9
24	1 4 1 3 8
25	1 2 5 4 8
26	1 2 6 8
27	1 1 7 1
28	1 5 6
29	2 6 10
30	8 12

난이도 ●●●●

B65 이제 한손으로 잡기 힘든 크기도 있어요

Column clues (left to right, top to bottom)

Column	Clues
1	11
2	7 3
3	6 7
4	6 5 6
5	5 3 2 3
6	4 2 3 3 1
7	4 1 2 2 3 2
8	3 2 1 4 1 1 5
9	3 1 2 1 4 2
10	2 2 1 1 2 1
11	2 2 1 3 2
12	1 2 4 3 1
13	1 1 1 3 1
14	2 2 1 2 3 1
15	4 3 2 2
16	5 1 2 1
17	7 2 3 1
18	4 5 1 2 1
19	4 1 2 2 1 2 1
20	4 1 2 2 2 2 1
21	4 2 3 2 2 1
22	4 1 3 1 3 1
23	4 1 5 6 1
24	4 2 1 2 3 3 2
25	4 2 4 2
26	4 3 3
27	4 2 4
28	4 3 5
29	4 6 6
30	4 13

Row clues (top to bottom)

Row	Clues
1	30
2	11 17
3	9 16
4	7 1 17
5	5 3 3 2
6	4 3 2 2
7	2 1 3 5
8	1 3 1 4
9	1 2 1 2
10	2 3 2 2
11	7 2 1
12	4 2 2 2
13	2 1 4 2
14	2 1 3 1
15	1 2 2 2
16	1 2 1 1
17	2 7 4 1
18	3 1 2 2 2
19	2 2 2 1 2
20	1 8 3 1 2 2
21	1 3 3 2 3 1
22	2 1 2 2 3 1
23	1 2 2 3 1
24	4 2 5 1
25	2 3 4 2 2
26	1 1 5 2 3
27	2 4 1 4
28	3 5
29	5 7
30	16

난이도 ●●●●

B66 해바라기 씨만 먹이면 안 된대요

Column clues (left to right):

Column	Clues
1	16
2	1 1 16
3	1 1 5 4
4	4 3 2
5	4 2 5 1 2
6	1 6 1 2 2 2
7	1 4 2 1 1 1 3
8	2 2 1 1 1 2 1 1
9	3 2 1 3
10	2 1 1 1 1 1 1
11	2 3 2 1 3
12	2 3 1 5 1 1
13	2 2 2 1 6 2
14	1 1 1 2 2 3 2
15	1 4 2 2 4 2
16	1 2 1 2 1 5 2
17	1 1 1 9 2
18	2 1 2 7 2
19	2 3 1 7 2
20	2 1 1 2 3 3
21	3 3 2 1 1 1
22	2 1 3 1 1 1 3
23	1 3 1 2 1 1
24	6 1 1 1 1 3
25	4 1 1 1 2 2 1 1
26	3 2 5 1 2
27	4 4 3
28	1 1 5 4
29	1 1 16
30	16

Row clues (top to bottom):

Row	Clues
1	4 8 4
2	1 6 5 3
3	3 3 2 4
4	5 6
5	3 2
6	2 5 4 2
7	2 1 3 2 2 1
8	6 3 4 6
9	1 2 4 1
10	4 2 6
11	5 2 1 2 2
12	1 6 2
13	4 5
14	2 3 2 2
15	4 4
16	4 4 4
17	3 2 4 2 4
18	3 2 1 2 3
19	3 2 6 3
20	2 2 4 3 2 2
21	2 3 3 4 3 2
22	2 6 9 2
23	2 8 2
24	2 8 2
25	2 6 2
26	3 3
27	3 3
28	4 6 6 4
29	7 1 1 8 1 1 5
30	23

난이도 ●●●●

B67 노래를 좋은 음질로 들어요

Column clues (left to right, top to bottom):

Column	Clue
1	6 6
2	6 10 2
3	3 3 5 1
4	2 4
5	4 7 5
6	5 3 3 6
7	3 3 3 4 4
8	2 1 1 1 5 4
9	2 1 2 2 3 3
10	2 2 8 1 3
11	2 4 6 1 3
12	1 2 3 4 2 2
13	1 2 4 2 2
14	1 2 10 1 4
15	3 10 2 5
16	2 4 1 8
17	2 3 2 7
18	1 2 2 1 6
19	1 1 3 1 6
20	1 2 4 1 1 7
21	1 2 4 2 2 1 7
22	1 1 2 3 2 5
23	3 6 1 2 3 5
24	3 5 1 1 5
25	2 3 2 5 4
26	4 5 4
27	11 3
28	9 2
29	5 1
30	0

Row clues (top to bottom):

Row	Clue
1	13
2	4 3 2
3	5 2 5
4	2 2 4 3
5	3 2 2 3
6	2 2 2 1 1 3
7	2 1 2 2 2 3
8	3 4 2 2 3 3
9	2 10 3 3 3
10	2 2 4 3 3 3
11	1 5 3 3 3 4
12	1 2 3 4 2 5
13	2 1 3 2 4 6
14	2 1 3 2 3
15	3 1 3 2 4 3
16	1 1 3 2 3 1
17	1 2 3 2 1 1
18	2 6 2 1
19	2 2 2 1
20	3 6 2
21	2 2 1
22	2 3 2 3
23	3 2 2 1
24	3 2 2 2
25	2 2 6
26	2 2 10
27	2 5 13
28	1 8 14
29	1 25
30	28

난이도 ●●●●

B68 이제 잘 보여요!

Column clues (left to right, top to bottom):

Column	Clue
1	9
2	4 4
3	3 3
4	5 2
5	7 2 2
6	2 1 1
7	9 1 1 1 2
8	10 1 1 1 5
9	10 2 1 3 4
10	10 3 1 2 3
11	8 1 1 1 10
12	8 12 2
13	6 5 5 2 2
14	6 2 2 2 2 2
15	5 1 1 1 2 2 1
16	5 1 2 1 2 2 1
17	4 1 3 1 1 2 2 1
18	5 1 3 1 2 2 4
19	5 2 1 2 2 2 3
20	4 5 1 2 2 3 2
21	5 1 1 2 4 1
22	5 5 1 1 2 2
23	4 4 2 4 3
24	5 1 3 1 3 6
25	8 3 4 3
26	12 5
27	2 2 10
28	5 7
29	10
30	10

Row clues (top to bottom):

Row	Clue
1	13
2	17
3	18
4	19
5	10 2 2 3
6	8 3
7	6 2
8	6 2
9	4 6 5
10	4 2 2 2 3
11	7 4 7 1
12	2 2 5 5 1
13	1 4 2 1 1 3 1
14	1 2 3 2 2 3
15	1 5 6 5
16	1 2 3 1
17	1 4 2 1
18	1 3 6 2
19	1 3 3 4 1
20	1 1 4 2
21	1 4 3 2 5
22	5 4 16
23	4 1 2 5 8
24	4 2 2 1 7
25	2 1 3 2 2 1 5
26	1 2 4 2 1 1 4
27	2 5 2 4 2 4
28	3 2 2 2 1 1 2
29	5 2 2 3 2 1 2
30	8 5 3 1 2

난이도 ●●●●

B69 해적들이 가장 원하는 것

Column	Clues
1	5 1 14
2	1 1 1 2 2
3	3 12 2
4	1 3 3 2 1 1 1 4
5	3 3 1 1 2 2 3
6	5 1 1 2 1 1 2
7	6 1 6 1 2 3
8	1 5 2 1 1 2 1 3
9	2 3 2 1 2 1 1 1 2
10	1 5 3 2 5 2 2 2
11	2 1 1 2 5 4 1 1 1
12	1 2 1 1 3 3 1 1 1
13	1 1 2 1 3 2 10
14	1 1 1 1 5 2
15	1 1 2 2 2 10
16	2 2 1 4
17	1 1 2 2 2
18	1 2 5 10
19	1 3 2 3 1 1 1
20	1 1 1 1 2 2 2 2
21	1 2 1 2 2 1 1 2
22	1 1 3 4 2 2 3
23	3 2 3 3 1 1 2
24	2 1 3 13
25	2 1 3 1 4
26	1 1 13 1
27	3 1 5
28	3 2 3 2 1
29	3 3 3 4
30	4 1 2

Row	Clues
1	6
2	3 4
3	4 4 4
4	1 3 3 3
5	1 7 7
6	2 9 3 2
7	1 1 5 4 2 7
8	1 1 2 2 5 2 2
9	3 2 4 3 1
10	3 3 2 2 1
11	3 1 1 1
12	1 2 2 1
13	1 2 1 1
14	7 2 1
15	2 2 9 1 1
16	2 2 1 3 5 2 2
17	3 4 1 2 3 1 1
18	1 2 2 3 3 2 6
19	1 1 3 4 5 4 1
20	1 1 6 1 4 1 1
21	1 3 11 1 1
22	1 1 4 6 3 1
23	1 1 3 1 1 1 3 1 5
24	1 3 4 1 3 1 4
25	1 1 3 1 1 1 3 4
26	3 4 1 1 1 3 1 2
27	5 4 1 3 6
28	1 5 1 1 1 5 2
29	10 1 1 1 6 2
30	4 7 1 5 3 3

난이도 ●●●●

B70 입으로 불어서 소리를 내요

Column clues:

										1	2				2	1													
									1	3	2				5	8	6			4	5	6	6			5			
2	2	2	2	2			1	1	2	2	3	2	2	2	3	3	2	9	5	1	2	2	1	6	4	2			
2	3	6	2	3	2	2	3	7	1	2	1	7	2	2	1	2	2	4	2	2	1	1	2	2	5	1		5	
2	4	4	4	4	2	2	1	4	2	2	2	5	2	2	1	1	4	4	4	3	1	2	1	1	1	2	11	4	
3	1	1	3	5	5	11	5	4	1	2	1	1	2	2	6	6	6	6	6	4	3	3	4	3	3	1	1	10	7

Row clues:

					17	8
				7	5	11
					3	12
					5	13
		1	3	5	4	3
		1	1	4	3	3
		1	2	1	4	2
2	3	1	2	1	4	4
3	3	2	2	1	2	3
	1	1	3	2	1	1
	2	1	2	2	2	1
				3	1	6
			2	3	9	1
		2	1	5	7	3
5	1	1	1	5	5	2
		7	1	2	4	1
			6	1	5	1
			3	1	10	1
	1	4	3	2	3	1
				11	4	1
				6	2	2
				6	3	1
				7	5	1
				6	5	1
					11	1
					6	1
					6	1
					5	1
					5	1
					4	1

난이도 ●●●●●

B71 눈이 아파요

열	힌트
1	5
2	6
3	5 6
4	2 2 7 2
5	7 1 6 2
6	11 7 2
7	7 1 7 2
8	7 8 2 5
9	5 1 1 2 6
10	7 2 1 2 6
11	7 2 1 4
12	7 3 1 1 2 2
13	6 1 1 1 2 1 1
14	4 2 1 1 2 1 1
15	4 8 2 1 1
16	5 1 1 2 1 1
17	6 1 1 1 2 1 1
18	6 2 2 2 2 1 1
19	5 1 1 3 1 1 1 2
20	6 1 1 3 1 4
21	7 1 1 3 2 1 6
22	7 1 1 1 1 2 6
23	7 1 2 1 2 6
24	8 1 5 1
25	13 7 2
26	9 2 6 2
27	6 2 6 2
28	5 7 2
29	6
30	5

행	힌트
1	13
2	17
3	19
4	19
5	8 11
6	8 2 7
7	3 3 7
8	4 1 2 5
9	3 3 5 4
10	2 3 3
11	2 8 10
12	5 4 4
13	4 1 1 3 2 1
14	1 2 1 1 5 1 1
15	1 1 1 1 3 1 1 1
16	1 1 1 2
17	2 2 4 2
18	12 4 2
19	2 5
20	5 6 5
21	8 8 7
22	7 2 9
23	7 3 3 7
24	6 10 6
25	5 3 4 5
26	4 6 7 3
27	5 8 3 2
28	2 3 3 2
29	2 3 3 2
30	1 3 3 1

난이도 ●●●●●

B72 높은 곳에서 내려와도 다치지 않아요

Column clues (left to right, top to bottom):

Column	Clue
1	4 4 2 2
2	7 3 2 3
3	4 1 3 2 1 1
4	3 3 3 2 2 1
5	2 2 2 3 2 2 1
6	2 1 1 2 1 2 1
7	1 5 2 2 2 1 1
8	1 8 2 2 1 3
9	8 2 2 3 2
10	9 2 2 2
11	9 2 2 1
12	10 2 4 4
13	4 4 3 4 5
14	2 2 3 2 2 2
15	1 1 13
16	1 2 7
17	2 2 14
18	4 1 3 3 2 4
19	11 3 5 4
20	8 2 5 1
21	1 6 3 2 2
22	1 6 2 2 3 2
23	2 8 2 2 1 3
24	1 6 2 3 1 2 1
25	1 1 1 2 1 1 1
26	2 1 1 3 1 1 1
27	2 2 2 2 1 1 1 1
28	3 3 1 2 1 2 1
29	7 1 3 1 1 1
30	5 2 5 3

Row clues (top to bottom):

Row	Clue
1	14
2	9 4 4
3	3 5 5 2
4	3 6 6 2
5	2 5 6 2
6	2 6 6 3
7	2 6 6 2
8	2 6 4 6 2
9	2 8 4 5 2
10	2 4 2 1 2 4
11	2 2 2 1 2 2 2
12	3 2 2 1 2 2
13	2 1 1 1 1 2
14	3 1 2 1 2 2
15	2 2 1 1 2 2
16	4 2 2 1 1 1 2
17	5 2 1 1 3 2 4
18	7 2 3 2 2 2 1
19	1 4 2 2 4 2
20	2 2 3 2 7
21	1 2 3 2 2 3
22	3 9 3 2
23	7 7 2 1
24	5 3 10
25	5
26	8
27	3 2 3 5
28	7 3 3 2 3
29	2 3 2 2 2 1
30	10 9

NemoNemo Logic Vol. 39

PART C

SIZE: 30×30 35×35 40×40

난이도 ●●●●●

C73 뱃살을 빼는 운동

Column clues (left to right, top to bottom):

Col	Clues
1	5 2
2	1 2 3
3	1 1 1 4
4	1 1 2 5
5	2 1 1 6
6	1 3 1 7
7	2 3 2 8
8	1 4 3 8
9	9 4 9
10	5 4 8 3
11	6 11 3 2
12	5 3 5 2 1
13	3 5 2 1
14	2 2 6 2 1
15	1 1 1 8 1
16	2 2 2 6 1
17	3 2 10 1 1
18	8 6 3 1
19	1 3 5 4 2
20	2 2 2 3 3 2
21	1 1 2 1 3 3
22	1 2 2 5
23	2 2 4 1 1
24	4 1 3 2 1
25	2 3 1 1
26	3 3 1 1
27	3 3 1
28	4 1 1
29	5 1
30	7

Row clues (top to bottom):

Row	Clues
1	8
2	6 3
3	7 2
4	3 4 3
5	3 4 1 2 4
6	2 1 1 1 2 2
7	1 4 1 3 1
8	1 8 2 4 1
9	1 6 3 2
10	2 5 3 2
11	3 3 2 2
12	2 2 1 2
13	2 1 4
14	2 1 6
15	1 11
16	13
17	17
18	10 2 2
19	8 1 1
20	1 1 2 2
21	1 2 1 1
22	2 2 1 2 2
23	9 3 2 1 1
24	9 2 3 2 3
25	8 1 4 1 3
26	7 1 2 2 2
27	6 2 3 4
28	6 2 4 2
29	6 4 1
30	24

난이도 ●●●●●

C74 엘리베이터는 없나요?

Column clues (left to right, top to bottom):

Column	Clues
1	2
2	2
3	2
4	2
5	2
6	2
7	7
8	2
9	2
10	2
11	2
12	2
13	3 2
14	1 1 5
15	4 2
16	1 1 3
17	2 2 1 8
18	4 2 3 1 1 4
19	3 2 2 1 1 4
20	2 2 1 4 2 1 4
21	2 2 7 3 2
22	3 1 2 1 3
23	5 1 1 1 1
24	4 8 1 3 1
25	19 1 3 2
26	6 2 7 3
27	4 1 5 2
28	2 6 3
29	2 1 1 2 3
30	8 5

Row clues (top to bottom):

Row	Clues
1	7
2	9
3	2 6
4	1 1 5
5	2 1 1 3
6	1 3
7	1 2
8	2 2
9	3 3
10	8
11	1 2 2
12	2 2 1
13	3 3 1
14	1 2 3 1
15	2 1 4 1
16	4 1 3 1
17	1 1 2 3 1
18	1 1 3 6
19	7 6 8 1
20	7 3 1 1
21	1 2 2
22	1 1 1
23	1 1 4 1
24	7 1 1 1 1
25	8 1 1 2 1
26	1 5 1 1
27	1 5 1 1
28	9 1 3
29	9 6
30	9

난이도 ●●●●●

C75 버섯 집에 모여 사는 파란 난쟁이

Column clues (top to bottom):

Column	Clues
1	1 5 2
2	1 3 3 2
3	1 1 1 1 1 2
4	2 2 5 1 2
5	4 3 1 1 2
6	3 1 1 1 2
7	3 3 2 2
8	4 2 2 4
9	6 4 1 1 2 2
10	9 2 1 1 1 1
11	1 3 1 3 1 8 1
12	1 2 2 1 2 3 1 3 1
13	2 3 1 1 1 1 1 4
14	2 1 2 1 1 1 1 1 2
15	1 5 1 2 1 3 1
16	1 2 1 2 1 1 3 1
17	1 1 3 2 1 1 2 1 1 1 1
18	1 3 2 1 3 1
19	1 3 2 2 1 1
20	1 1 4 2 3 1
21	2 3 1 1 3 1 1
22	2 3 2 2 1 2 2
23	3 1 1 1 1 2 4
24	5 1 2 1 1 1 3
25	13 1 1 1 3
26	6 2 1 3
27	5 3 3
28	5 3
29	4 3
30	4 3

Row clues (left to right):

Row	Clues
1	12 12
2	7 10
3	6 8
4	2 7 7
5	1 9 5
6	3 2
7	1 7 1
8	5 2 1 1
9	2 3 5 1
10	1 2 3 5
11	3 2 4 2 1
12	1 1 4 1 2 1
13	4 2 1 6 2
14	2 1 5 3 3
15	4 4 3
16	1 3 6
17	4 6 2
18	2 2 1 3
19	6 2 2 4
20	1 2 1
21	1 4 4
22	7 2 1
23	1 1 5
24	2 2 4
25	6 2
26	4 3 3
27	2 3 2
28	1 1 8
29	9 2 9
30	30

난이도 ●●●●●

C76 뛰뛰빵빵

Column clues (top to bottom)

Column	Clues
1	11 3
2	2 1 2 2 2 3
3	2 2 1 3 2
4	5 1 1 1 3 2
5	5 1 3 2 3 2
6	3 2 1 1 3 2
7	1 1 3 2 2 2 2
8	2 1 5 1 2 1 2
9	1 1 6 1 2 1 3
10	1 9 1 2 2 3
11	1 9 1 2 1 3
12	2 1 6 2 1 1 3
13	1 1 6 1 1 1 2
14	1 2 4 1 1 2 1 2
15	1 1 6 1 1 2 1 1
16	1 1 7 1 2 2 1 1
17	1 1 7 1 1 4 1
18	2 1 7 2 6 1
19	1 4 2 1 2 1
20	1 5 1 3 1 1 1
21	1 9 1 1 2 1 2 1
22	1 2 3 1 2 5 1
23	1 1 4 1 3 2 1
24	1 1 5 1 2 2
25	1 4 2 2 2 2
26	1 1 9 2 3
27	3 5 5 3
28	5 6 4
29	8 2 2 4
30	13 4

Row clues (left to right)

Row	Clues
1	5
2	7 6
3	5 3
4	3 5
5	2 4 2
6	10 2 1 2
7	1 2 6 1 3 1
8	1 2 1 1 1 2 1
9	2 5 4 1 2 2 1
10	1 6 5 1 2 2 2
11	1 6 4 8 1
12	2 12 7 1
13	17 3 1 1
14	2 13 2 1 1
15	1 5 1 2 1
16	3 5 1
17	1 3 4 1
18	2 3 2 1 3
19	5 6 2 3 4
20	1 5 2 2 1
21	2 2 1 3 1
22	2 8 3 3 1 6
23	1 5 3 5 2 3
24	3 2 1 3
25	9 3 3
26	5 9 1 1
27	3 3 2 3
28	2 4 4 5
29	14 7
30	30

난이도●●●●●

C77 바다의 신

						1																							
						2													4	3	5								
			2			1								6	5	2	4		1	2	2	3							
			1	14	15	1	2							1	2	2	4	4	1	1	2	3	2						
		2	1	1	1	1	3		7					2	2	1	2	3	2	1	2	2	11	1		5			
3	11	2	2	1	1	1	1	10	1	1	8	4	14	3	2	2	3	3	3	3	4	5	4	4	3	2	3	2	
4	5	6	1	1	1	1	4	7	4	4	1	2	2	1	2	2	5	2	2	3	2	2	2	3	4	4	1	3	
9	2	1	1	8	8	2	2	3	7	5	1	2	1	2	3	4	1	1	2	3	3	3	1	3	7	4	5	3	16

			1	1	2	3	2
		1	2	2	2	3	2
				2	2	2	10
			3	3	3	9	2
		3	2	2	4	3	1
		1	2	2	3	2	1
	1	2	2	3	3	5	2
2	2	2	3	3	2	1	1
2	2	2	1	1	1	1	1
	2	5	1	1	7	1	1
		7	1	3	1	3	2
		5	1	1	4	3	1
		2	1	5	3	2	2
			2	2	3	5	1
			5	1	1	5	1
			1	4	3	3	5
			7	5	2	2	2
			1	2	2	5	3
		9	3	3	2	1	1
		3	2	5	1	1	1
		2	6	3	2	2	1
		2	2	1	2	2	1
		2	3	1	2	1	1
1	4	1	1	1	1	2	2
1	2	1	1	2	2	1	2
1	2	2	2	4	1	1	2
		1	2	10	2	2	1
	1	2	3	3	2	3	1
		2	7	3	3	3	1
			11	2	4	4	1

난이도 ●●●●●

C78 꽃향기가 좋아요

Column clues (top to bottom):

Column	Clues
1	3 2 6
2	2 1 3 11
3	3 11 6
4	1 1 4 4
5	3 2 2 4 2 2 4
6	2 1 3 1 2 2 2 2
7	3 1 3 1 1 3 1
8	1 5 1 8 1 1
9	2 2 3 1 4 2 2
10	3 1 1 2 3 4 1
11	12 3 2 2
12	5 3 2 2 3 1
13	3 1 2 2 3 1
14	3 2 2 2 4 1
15	4 2 1 4 1
16	5 3 2 2 4 1
17	6 3 1 7 2
18	6 1 2 2 1
19	7 1 2 2 2
20	8 2 3 2
21	9 4 4 2
22	18 1 3
23	16 3
24	17
25	15 1
26	16 1
27	17
28	14
29	5 3
30	3

Row clues (left to right):

Row	Clues
1	4 9
2	3 2 13
3	1 1 1 13
4	1 5 11
5	4 2 10
6	4 1 2 10
7	3 2 1 1 8
8	1 1 1 1 4 3 7
9	1 2 1 2 1 2 1 6
10	4 2 1 2 5
11	1 3 1 1 6
12	1 3 3 2 6
13	1 1 1 1 2 4 7
14	3 1 3 2 9
15	3 2 2 2 2 6
16	2 5 5 7
17	1 1 2 9
18	1 1 3 1 4 5
19	1 7 5 3
20	2 2 4 2 1 4
21	1 2 2 2 1 4
22	1 1 3 2 1 3
23	1 1 1 7 2 3
24	1 2 7 1 3
25	3 2 2 4 2 2
26	3 4 2 1 2
27	5 1 1 2
28	5 3 2 4
29	6 3 3 4
30	7 7 6

난이도 ●●●●●

C79 두근두근, 무엇이 들어있을까요?

Column	Clues
1	14 2
2	3 11 2
3	2 2 2 2 2
4	3 1 1 1 1
5	1 4 2 2
6	5 3 1 1
7	2 3 17
8	1 2 3 2
9	1 3 4 1
10	1 2 20
11	1 2 4 1 1 1
12	2 1 3 1 1 2
13	3 1 3 1 1 1
14	2 6 1 1 1
15	1 1 2 1 1
16	1 1 2 1 11
17	2 1 5 6
18	5 3 1 1 1
19	2 2 3 1 2 1
20	2 2 2 2 1 2
21	2 3 4 2 1
22	1 2 3 12
23	1 1 7 1
24	1 2 1 2 1
25	1 3 3 10 1
26	5 9 1 1
27	5 1 2 2
28	1 1 2 2 2
29	3 12 3
30	14 3

Row	Clues
1	3 4
2	1 5 9
3	1 2 4 1
4	1 6 1
5	1 1 1 2
6	2 6 5 3
7	8 1 1 4 6
8	2 3 6 4 1 2
9	4 9 5
10	2 1 5 5 3 1
11	3 2 5 4 2 1
12	1 9 3 2 1
13	1 5 5 1 2
14	1 1 4 3 1 1 3
15	1 1 1 4 1 5
16	3 1 1 1 1 1 2
17	5 1 1 1 1 1 2
18	2 3 1 1 3 1 2
19	2 1 3 1 4 1 2
20	2 1 1 7 1 1 2
21	2 1 1 1 1 1 2
22	2 1 1 1 1 1 1
23	2 1 1 1 1 1 1
24	1 1 1 1 1 1 2
25	1 1 1 1 1 1 2
26	2 1 1 1 1 3
27	3 1 1 1 1 2
28	4 1 1 3 2
29	3 5 1 3 4
30	4 3 1 3 7

난이도 ●●●●●

C80 거짓말을 하면 코가 길어져요

Column clues (top to bottom):

Column	Clues
1	1 1
2	2 2 1
3	1 2 2 3 1
4	6 1 2 1
5	2 1 2 1
6	1 1 1 1 1 2
7	1 1 5 1 1 1
8	1 1 1 1 1 1 1
9	1 1 1 1 8
10	2 1 1 1 1 2 1 3
11	2 1 2 2 1 1 3 1 3
12	1 4 3 1 6 1 2
13	1 2 2 1 4 10
14	1 2 3 9 3
15	2 2 1 1 3 4
16	3 2 2 1 1 1 7
17	3 1 2 2 1 5 1 2
18	1 1 1 1 1 4 3 2 2
19	1 2 2 10 1 2 1
20	1 2 5 4 5 1 1
21	1 2 3 1 1 8 3
22	1 1 2 4 1 1 1 2 3
23	2 2 1 1 1 1 5
24	6 1 1 1 1 3
25	2 1 1 1 1
26	3 4 1
27	2 1 2
28	1 1 1 1
29	4 1 1
30	2 1

Row clues (left to right):

Row	Clues
1	5
2	3 1
3	1 7 1
4	1 1 2 7 1
5	3 1 4 1
6	2 6 3
7	1 9 2
8	7 2 3 2
9	4 6 4 3 2
10	2 1 2 3 1
11	5 1 1 2
12	2 3 3
13	2 3 1 2
14	1 2 7 3
15	1 6 1 5 1 1
16	2 1 8 3 1
17	2 1 2 2 1 3
18	10 2 1 1 1
19	3 2 9
20	1 4 1 1
21	11
22	12
23	19
24	9 2 2 2 4
25	5 1 4
26	1 1 3 2
27	1 1 2 2
28	5 2 6
29	1 6 2 4
30	9 7

난이도●●●●●

C81 여러 가지 술을 섞어서 만들어요

Column clues (left to right, top to bottom):

Column	Clues
1	5
2	3 3
3	1 1 1 1
4	7 1
5	4 4
6	1 1 1 3 2 2
7	3 4 2 2
8	1 1 1 1 1 2 3
9	11 1 2 1 1
10	1 1 1 1 1 2 2 1
11	1 1 1 1 1 1 9 1
12	1 1 1 1 1 3 1 1 1
13	4 1 4 9 1
14	2 1 3 2 1 1
15	1 1 2 2 3
16	1 1 4 3
17	1 3 1 2 2
18	1 1 4 2 3
19	2 1 10 2 1
20	5 1 7 1
21	1 1 1 1
22	4 2 1 1
23	4 7 5 1
24	1 2 18 1
25	1 1 13 2 1
26	2 1 9 1 1
27	3 1 6 2
28	2 2 6
29	3 2
30	5

Row clues (top to bottom):

Row	Clues
1	4 1
2	1 2
3	1 2 2 1
4	3 1 8
5	2 1 2 1 2 3
6	1 4 1 1 3 1
7	4 1 4 12 1
8	2 1 2 1 1 1
9	5 1 2 1 3
10	2 1 5 1 10
11	4 2 1 1 7
12	1 4 1 1 6
13	19 5
14	2 1 1 5
15	5 9 2 5
16	2 7 4
17	2 3 2 1 3
18	2 3 2 1 3
19	2 1 2 1 2
20	2 2 1 2
21	1 1 1 2
22	1 1 2 2
23	1 1 1 1
24	1 1 1 2
25	1 1 1 2
26	3 1 2
27	2 1 2 3
28	9 6 2
29	3 4 1
30	22

난이도 ●●●●●

C82 오늘도 열심히!

Column clues (read top to bottom):

Column	Clues
1	4 3
2	1 3 1 8
3	1 3 1
4	1 1 1
5	1 1 1
6	1 1 1
7	1 1 8
8	1 1 8
9	1 1 1
10	1 1 1
11	3 1 1 6
12	3 1 3
13	3 3 1 2
14	2 3 3 2
15	8 2 7 2 5
16	3 2 3 3 8
17	3 2 3 3 3
18	3 1 2 2 1 2
19	3 2 1 1 1 1 2
20	3 1 2 4 2
21	4 1 2 1 1 2 4
22	5 4 5 1 2 3
23	7 1 2 1 2 5
24	1 2 1 8
25	1 4 2 8
26	1 8 1 2
27	1 2 4
28	2 8 3
29	13 1
30	4 1 1

Row clues (read left to right):

Row	Clues
1	8
2	10
3	10
4	1 3
5	2 1 2
6	3 1 1
7	1 1 2
8	2 8
9	5 1 2
10	3 4 2
11	2 2 2 2 2
12	1 3 1 2
13	11 2 1 2
14	1 1 1 1 2 2
15	1 3 1 1 1 2
16	2 1 1 1 1 2
17	1 2 1 2 1 2
18	1 1 1 6 1 2
19	1 6 1 1 2
20	1 4 1 5
21	30
22	1
23	30
24	1 2 14 2
25	1 2 2 2 5
26	1 2 1 2 6
27	1 2 1 2 5
28	1 2 1 2 5
29	1 2 1 2 1 3
30	1 2 1 2 1 3

난이도 ●●●●●

C83 여름하면 생각나는 과일

열	숫자
1	9 8
2	2 3 3 8
3	2 2 2 2 2 8
4	1 2 9 1 2 8
5	1 1 2 3 5 1 5
6	1 1 3 2 1 1 4 3
7	5 1 1 10 2
8	2 1 5 2 1 1 9 2
9	7 9 7 1
10	2 3 8 4
11	1 1 1 2 3 1 3 4
12	1 5 1 3 3
13	1 6 1 1 2 2 2
14	2 2 4 2 1 3 2 2
15	2 9 1 2
16	2 1 4 1 2 1 2
17	3 1 1 3 1 2
18	5 1 1 2
19	7 3 2 1 2
20	7 1 3 1 2
21	1 1 1 2
22	4 1 2 1
23	4 2 1 3 1 2
24	3 2 2 1 1 2 1 1
25	3 1 2 2 2 2
26	2 1 2 2 2 3 2
27	4 1 2 3 2
28	5 2 8 3
29	6 2 4
30	14

행	숫자
1	7 2
2	2 9 4
3	1 4 2 3 1 2
4	2 3 3 3 2 3
5	2 2 1 3 3 1 2
6	1 3 2 3 3 2 3
7	2 3 2 3 3 1 2
8	1 2 1 5 3 2 2
9	1 3 4 3 2 3 3
10	1 2 4 3 4 5 1
11	1 2 3 5 2 2 2
12	1 2 3 2 1 8
13	1 3 4 3 2 5 1
14	1 3 3 2 1 3 1 1
15	2 2 4 1 4 2 1 1
16	1 2 2 4 3 1 1
17	2 8 1 1
18	2 1 1 3 1 1
19	5 1 2 1 1
20	2 2 1 1 1 1
21	3 1 2 2 1 1
22	4 4 1 2 2 1
23	4 4 1 2 1 1 2
24	4 4 2 2 2 2 1
25	4 4 2 2 2 2
26	5 5 2 2 2
27	5 5 7 2
28	6 6 3
29	8 13
30	9 7

난이도 ●●●●●

C84 너무 귀여워요!

Column clues (left to right, top to bottom):

Column	Clues
1	3 15
2	3 3 4 1
3	3 6 4
4	3 2 2 3
5	3 4 1 4
6	2 2 3 1 3
7	2 2 2 4 5
8	2 2 2 3 2 3
9	2 3 2 2 2 1 4
10	2 2 3 1 1 2
11	2 2 3 1 2 4
12	2 4 2 2 2 1 3
13	2 5 1 3 8
14	7 1 7
15	2 3 3 3 5
16	1 2 6 4 4
17	1 2 9 1 2 1
18	2 4 4 2 3 5
19	1 2 4 3 2 2
20	2 2 2 1 4 2 2
21	2 2 1 1 1 2 2
22	2 3 1 1 8
23	1 3 2 2 5 2
24	1 2 2 4 2 2
25	1 2 1 2 2 1 2
26	1 8 2 3 2
27	4 5 1 4 2
28	2 2 1 2 1 3
29	2 2 2 4
30	2 3 3

Row clues (top to bottom):

Row	Clues
1	17 10
2	15 3 4
3	5 1 4 1
4	6 3 2
5	4 7
6	7 6 2
7	9 3 2
8	4 2 3 2 4
9	3 3 1 1 3
10	5 3 1 3
11	6 4 3 3
12	8 2
13	9
14	4 3 2
15	5 2 2 2
16	3 2 1 1 2
17	1 1 2 3 1 2
18	1 1 2 2 2 3 2
19	1 2 6 1 1 2
20	2 5 3 2 1
21	2 1 1 1 1 1 5
22	2 1 1 2 2 2 7
23	2 2 2 5 3 2
24	1 1 2 5 3 4
25	1 3 4 6 2
26	1 4 1 8 4 3
27	1 5 3 1 1 1 5
28	1 1 3 3 1 1 3
29	1 1 3 3 6
30	3 3 3 6

난이도 ●●●●●

C85 잊지 말고 물을 꼭 챙겨주세요!

세로 열	힌트
1	4 3 1
2	5 1 1 2 1
3	4 1 1 4 1
4	3 1 1 4 5 1
5	7 1 4 2 6
6	2 3 1 4 2 2
7	1 2 2 2 4 1
8	1 6 2 4 1
9	2 4 3 1 4 1
10	7 9 1
11	7 6 2 1
12	7 2 5 1
13	2 4 1 2 4 1
14	1 1 2 2 4 1
15	1 1 5 4 1
16	1 1 2 6
17	2 2 5 1
18	3 6 1
19	1 3 10
20	2 2 1 2
21	9 2 2 1
22	2 2 5 1
23	3 2 4 1
24	3 9 2 1
25	4 9 2 1
26	1 6 4 1
27	4 7 6 1
28	8 3 3 2
29	4 1 3 1 3
30	5 10

가로 행	힌트
1	5 2
2	2 4 2 2 1 1 1
3	3 2 4 1 2 1 1 1
4	5 4 2 1 1 1 3
5	5 4 2 1 1 1 2
6	4 7 1 1 3
7	1 5 1 2 2
8	2 4 1 1 5
9	5 4 2 1 4 1
10	1 3 3 1 2 7
11	1 2 2 2 1 2 5 1
12	2 1 1 1 1 2 4 1
13	7 1 1 2 1 3 2
14	5 1 1 3 1
15	4 3 2 1 3 2
16	7 2 2 1 1 1
17	9 1 2 1 2
18	4 1 1 2 1 1
19	4 4 2 3
20	6 5 4 4
21	14 1 8 1
22	1 9 1 1 6 1
23	1 1 1 1
24	1 1 1 1
25	2 2 1 1
26	1 1 1 1
27	1 1 1 1
28	1 1 1 2
29	2 1 2 3
30	30

난이도 ●●●●●

C86 연주회 때 치는 피아노

													2		2	2													
				1			2	1	1	2		2	1	2	1	1	2		1		2						2		
	2		1	2	2	3	1	1	2	2	3	1	1	1	2	3	2	2	2	1	2	2	1		1	1	2	4	
	2	5	2	2	2	2	3	2	2	2	2	2	2	1	2	2	5	3	3	3	2	4	4	1	1	2	2	2	
4	2	2	2	2	8	7	2	2	2	2	2	2	1	2	2	2	5	6	2	3	2	1	1	10	6	12	7	1	4
1	1	1	1	1	1	1	1	1	1	2	8	9	3	9	1	1	1	9	3	8	1	1	1	1	1	1	1	1	1

					4
				2	2
				2	1
				2	2
			2	1	3
			2	2	2
			2	1	1
			2	2	1
			2	2	2
			7	1	2
		1	4	2	3
			1	1	4
			2	2	7
				12	15
			2	18	1
		1	3	3	1
		7	1	3	1
				19	5
		1	12	1	2
		5	1	4	2
		11	4	3	2
				16	2
2	2	1	1	1	2
2	2	1	1	1	2
	2	2	1	1	1
	2	2	1	1	1
	3	2	1	1	1
			2	4	3
				5	2
		11	2	5	9

난이도 ●●●●●

C87 노래방에서 마이크를 안 놔요

Column clues (top to bottom, columns 1–30):

Column	Clues
1	5 8 5
2	12 4 3
3	1 7 4 2
4	7 1 3 1 1
5	4 1 1 2 1
6	1 5 4 2 1
7	1 10 2
8	5 1 8 2
9	5 3 2 4 3
10	7 9 5 4
11	4 1 8 2 2
12	3 1 2 4 1 1
13	3 2 2 3 4 2
14	2 2 2 1 1 2 1 2
15	2 4 1 1 2 1
16	2 1 5 1 1 1 2
17	2 3 2 5 3
18	3 2 7
19	24
20	2 1 2 1 6
21	1 1 1 7
22	2 2 7 2
23	6 6 2
24	1 2 2 15
25	1 2 10 3
26	1 4 1 6
27	1 3 2 8
28	5 5 1 3 4
29	1 3 4 2 3 2
30	1 2 16

Row clues (left to right, rows 1–30):

Row	Clues
1	6 9 1
2	2 2 12 1
3	5 5 3 5
4	5 4 1 1
5	4 3 3 4 1
6	3 3 2 3 4
7	4 1 1 2 5 4
8	3 1 2 1 9
9	3 1 2 4 1 8
10	2 1 2 4 2 2 1
11	2 4 4 2 7 2
12	2 1 1 2 3 2 1
13	1 1 2 11 1 3
14	1 5 3 6 2
15	4 4 4 4 1
16	1 3 6 3 4 1
17	2 3 4 2 4 1
18	1 3 2 1 4 1
19	1 3 1 2 1 2 2 1
20	2 3 4 1 1 2 1
21	1 5 1 3 1 1 3 1
22	1 4 3 1 1 1 1 1 2
23	2 3 1 2 1 1 1 5
24	1 2 1 3 1 1 1 3 1
25	1 2 1 2 3 1 5
26	1 3 1 1 2 2
27	2 2 1 3 4
28	1 2 1 4 2 1
29	2 5 1 1 4
30	9 1 1 3

난이도 ●●●●●

C88 다리 대신 물고기 꼬리

				3			5											1											
		2	3	2			3								3		2	2	3										
	2	2	1	1	4	6	1							8	3	6	3	2	1										
	2	1	4	1	1	2	1	10		10	9	7	7	1	1	2	1	1	1	4	1	2	1		7		3	3	
	1	3	3	1	1	2	2	2	10	2	3	3	4	3	4	5	3	2	1	1	6	3	3	3	1	3	2	3	
6	4	3	2	1	2	3	2	3	4	2	2	2	4	2	1	2	4	3	4	5	7	5	5	11	5	3	2	3	11
3	3	3	4	4	4	4	4	6	6	4	3	3	2	2	2	1	1	1	1	1	1	2	2	2	2	3	4	6	10

						3	1
						4	2
				6	2	3	2
				9	2	1	3
	2	8	5	1	2	1	1
			1	15	1	3	1
		2	1	11	1	2	1
2	1	1	7	4	1	2	1
		1	1	11	2	1	1
		1	2	12	1	1	1
			1	11	2	1	2
				3	8	1	1
				1	4	2	2
				2	3	1	2
					2	2	3
			2	2	5	1	2
		3	2	1	6	1	2
	1	4	2	2	1	2	2
			3	6	4	7	2
			1	2	1	12	1
			2	2	2	11	1
			5	2	2	7	1
		2	1	1	2	5	2
			2	2	1	2	2
					4	6	3
				2	1	3	3
						8	4
						13	4
						16	5
							25

난이도 ●●●●●

C89 강한 햇빛에서 눈을 보호해요

Column clues (left to right, top to bottom):

Column	Clues
1	4
2	1 4
3	6 8
4	2 5 6 2
5	2 12 5
6	1 3 2 1 4
7	2 2 2 5 2 3
8	1 2 5 6 2 1
9	3 2 1 3 1 1
10	2 1 1 2 2 1
11	2 1 7 1
12	4 7 1
13	4 6 2
14	1 4 4 1
15	2 4 3 1
16	1 3 2 2
17	1 2 4 2 2
18	2 2 4 2 1
19	3 1 10 2
20	3 2 9 3
21	3 2 6 1 1
22	1 2 2 3 2 2 1
23	1 2 3 3 1 6 1
24	7 2 1 3 5 5
25	2 1 3 1 3 5 3 2
26	2 2 3 1 7 6
27	4 2 1 2 3 3 2
28	4 2 2 3 3 2
29	11 3 1
30	12

Row clues (top to bottom):

Row	Clues
1	6 9
2	3 7 4 3
3	2 2 2 1 9
4	2 2 4 2 3 2
5	1 3 2 3 3 6
6	1 2 2 2 5 4
7	4 1 3 5 2
8	3 2 3 4 2
9	3 2 3 6
10	2 1 4 2 5
11	2 9 2
12	1 7 2
13	5 9 3 6
14	1 6 15 3
15	8 13 3 2
16	5 2 5 3 2 3 1
17	3 3 3 2 1 1 1 1 1
18	3 6 2 1 1 5
19	1 4 1 1 3 2
20	2 4 1
21	3 4 1
22	1 5 1
23	1 1 6
24	4 1 2 2
25	5 2 1 3
26	1 1 4
27	2 2 3
28	1 2 1 2
29	1 4 2 2
30	6 3 2

난이도 ●●●●●●

C90 끝이자 새로운 시작

Column clues (top to bottom):

Col	Clue
1	2 3
2	2 2 2
3	1 1 1 3
4	2 1 3 2
5	1 3 1 1 3
6	2 5 5 4
7	8 2 5
8	9 1 5
9	3 4 1 4
10	3 4 3 1 4
11	4 3 1 4
12	2 1 1 4
13	2 2 1 5
14	6 7
15	2 14
16	5 1 11
17	7 1 10
18	3 1 3 9
19	2 2 1 2 2 3
20	3 3 3 2 2
21	3 2 1 2 1 2
22	3 2 1 7 1 1
23	4 1 2 1 1 1
24	5 5 2 2 5
25	9 1 2 3 5
26	7 2 3 5
27	4 1 4 5
28	2 10
29	12
30	9

Row clues (left to right):

Row	Clue
1	2
2	3 4
3	1 8
4	3 3 1 2
5	2 3 1 1
6	4 1 2 5
7	4 1 2 8
8	4 1 1 2 7
9	4 1 2 2 4
10	7 2 1 1 4
11	3 4 2 1 1 4
12	2 2 2 2 1 3
13	1 1 2 4 3
14	2 2 2 2 3
15	2 4 1 2
16	3 2 2 1
17	1 9 2
18	2 3 2 1 5 3
19	1 11 2 1 2 2
20	14 2 1 2 1
21	14 5 4
22	12 3 6
23	8 1 7
24	16
25	5 3
26	4 7
27	4 9
28	4 1 7
29	4 1 7
30	4 8

난이도 ●●●●●●

C91 노란 껍질을 까서 먹어요

열	힌트
1	2
2	11
3	3 1 3
4	2 1 2
5	4 2 3 2
6	8 2 1 1
7	9 2 2 1
8	9 1 6 1
9	10 6 2 1 1
10	12 1 3 1
11	13 5 3 1
12	9 2 2 1 1 1
13	6 2 2 1 3 1
14	4 1 2 1 2 1 5
15	5 1 1 2 6 1
16	4 1 1 1 1 1 3 3
17	5 1 1 1 2 4
18	4 2 1 5
19	5 2 1 5
20	4 1 2 1 1 2 2
21	5 1 2 2 2 1
22	4 1 1 1 1 1
23	5 1 2 1 2
24	7 2 1 4
25	9 3 5 4
26	12 1 3
27	11 2 2
28	9 1 2 1
29	3 3 1 2
30	11

행	힌트
1	12
2	16
3	17
4	19
5	7 1 1 1 1 5
6	7 4
7	7 4
8	7 4 3 5
9	8 4
10	7 4 4 4
11	7 2 2 4
12	7 5
13	2 2 2 5
14	2 2 5 5
15	2 2 2 3
16	1 1 3 3 2
17	1 1 7 1
18	1 1 3 1 2
19	1 1 2 2 1 1
20	1 1 1 1 1 1
21	1 5 3 5 3
22	1 2 1 1 2 2 3 1
23	1 2 2 2 2 3 2 1
24	4 3 4 2 1 1
25	1 4 3 4 1 1
26	1 1 2 2 3 1 1
27	1 1 2 1 1 2 3 1
28	2 3 1 2 7 2
29	5 4 1 5
30	10 3 3

난이도 ●●●●●

C92 누워있으면 편안해요

													1									1	2	2		3								
												2	3									3	4	4	3	2	5							
				3							3	6	3	4							3	5	4	3	3	2	10							
			3	3	4					9	5	3	4	3	3						2	2	1	1	3	4	1	15	11			4		3
	4	3	3	1	3				9	4	3	2	1	4	3	2	1	3	2	2	4	1	2	2	3	1	2	3	2	5	8	8	4	3
4	3	3	3	10	3	11	7	10	2	2	4	1	6	3	4	2	3	1	3	3	1	1	2	1	2	1	2	2	3	3	3	2	3	3
3	3	3	6	2	1	2	1	1	2	1	2	3	1	1	2	3	2	1	1	1	1	1	2	1	1	1	1	1	1	1	1	3	20	13
1	5	12	9	2	1	1	2	3	3	1	1	1	1	1	5	1	1	1	1	1	1	1	1	1	1	1	1	1	1	1	1	1	1	1
2	2	2	1	1	1	1	2	2	2	1	1	1	1	1	2	2	2	1	1	1	1	1	2	2	2	2	1	1	1	1	1	1	1	1

					5	5	2
				3	5	7	3
			6	4	3	5	3
		7	3	6	6	3	3
		2	3	8	7	3	2
			1	10	6	4	2
					3	7	12
						15	8
						18	8
				2	4	6	10
	1	2	6	2	4	3	3
	2	2	6	1	3	4	2
		4	1	6	3	4	2
	2	3	2	4	2	3	3
	1	2	3	3	1	3	2
				2	1	2	2
					2	4	2
				2	2	5	4
			2	1	3	4	2
		2	3	4	2	2	2
	3	2	2	2	3	2	2
	3	1	4	2	3	1	2
1	4	2	1	2	5	2	2
			3	8	5	2	2
		3	2	1	1	2	2
		2	3	1	1	3	2
			2	3	1	4	3
				3	1	5	3
					3	3	4
					3	4	2
						4	5
					7	4	5
					11	4	3
						10	14
					3	5	6

난이도 ●●●●●

C93 앗! 제 모자 좀 잡아주세요!

					1	2	1	2	2								2							3										
	2	2	2	2	1	2	1	2	2	5	5	5					1	4						2	3	2	3				1			
	3	4	4	5	3	4	2	2	3	2	3	3	6	2	1	1	2	2	6	8		5	4	1	3	4	2	4		4	1			
	5	3	2	2	1	1	5	5	3	6	2	3	6	3	4	5	2	2	1	2	14	2	3	2	1	2	3	2		2	1	1	2	
4	2	2	2	3	2	2	2	1	1	1	2	1	2	2	2	2	1	2	4	3	2	3	2	2	2	2	3	4	15	2	2	3	4	4
1	1	2	3	5	6	6	8	6	7	8	7	7	7	6	5	5	5	5	4	4	3	3	3	3	3	3	4	12	1	16	19	20	21	22

								8
						3	4	11
					5	2	9	4
						4	6	6
		4	4	6	1	1	2	2
		7	5	4	1	1	3	1
		1	3	5	3	1	1	1
		2	2	4	2	2	1	2
		3	2	2	5	2	3	1
					4	2	4	13
	5	1	2	1	1	1	1	2
4	2	2	1	1	2	2	1	2
	1	3	2	1	2	1	3	3
	1	3	2	2	2	2	2	1
		2	3	1	1	3	1	2
		2	2	2	1	1	2	3
		2	3	1	1	2	1	4
			2	4	2	5	1	4
				7	2	3	9	4
					5	2	6	5
				5	2	2	2	5
					8	2	1	5
					4	3	1	5
						5	1	5
						4	1	5
						7	1	5
						10	1	5
						9	1	5
						10	1	5
						10	1	5
						12	1	5
						12	2	5
							19	5
							18	5
							16	6

난이도 ●●●●●

C94 이렇게 그리면 독자들이 좋아하겠지?

Column clues (top to bottom):

Column	Clues
1	4 8 3 1
2	3 8 1 2 1
3	3 9 2 4 5
4	2 9 2 3 3 2
5	2 1 7 3 4 1 2
6	1 7 5 1 2
7	2 1 7 1 3 2
8	2 9 2 4 6
9	3 9 5 2 5 3
10	3 6 2 2 3 1
11	4 2 4 1 3 1
12	5 3 3 3 3 2 1
13	3 6 4 3 3 3 1
14	2 12 2 1 1 4 1
15	1 5 1 2 4 4 4 1
16	6 3 1 2 4 4 1
17	8 3 1 3 2 1
18	1 4 1 1 1 1 4 4 1
19	1 6 4 1 1 3 1 1 1
20	1 3 2 1 1 1 1 1
21	1 4 1 1 1 6 1 1 1
22	1 5 3 1 2 1 1 1 1
23	2 3 3 1 2 1 1 1 1
24	1 4 1 1 3 1 4 1
25	3 5 2 1 4 4 1
26	1 1 7 3 3 2 1 3 1
27	1 6 3 1 4 1
28	3 10 1 1 4 1
29	2 5 7 4
30	2 5 1 1 3 1
31	3 2 1 1 1 5
32	3 6 1 3 3
33	1 2 2 5
34	4 7
35	1 9

Row clues (left to right):

Row	Clues
1	5 9 5 2
2	5 8 2 3
3	3 5 1 3
4	1 2 5 1
5	7 1 9 1 3
6	4 4 15 2
7	11 15 3
8	10 5 1 10
9	10 2 2 1 1 6
10	10 2 4
11	10 6 4 3
12	9 2 2 1 2 1 1
13	9 1 2 1 2 1
14	2 2 6
15	4 4 8
16	2 5 7 1
17	3 6 7 3 1
18	1 2 3 1 2 1
19	2 2 1 2 1 1 2
20	2 1 2 3 1 2 2
21	1 1 1 4 1 2 2
22	2 1 1 4 4 1
23	9 1 11 1 2
24	3 2 1 1 4 1 2
25	2 4 4 1 2 5
26	4 4 2 1 5
27	1 3 2 5 1 1 1 1 4
28	7 1 6 5 1 2 4
29	1 2 2 2 1 4
30	1 2 1 3 8 1 2 3
31	9 4 1 3 1 1 3
32	6 1 5 1 3 2 2 2
33	2 5 9 1 2 2
34	1 4 1
35	21 1

난이도 ●●●●●

C95 이랴~ 이랴~

열	힌트
1	3 6 5 3
2	3 2 3 2 3 2
3	4 2 2 2 3 1
4	6 4 2 1 8
5	6 2 3 2 4 3
6	6 2 2 2 5 3
7	6 3 2 6 6
8	5 2 1 1 3 2 3
9	4 2 3 2 2 4
10	3 8 3 1 7
11	3 4 4 1 3 7
12	4 3 1 1 5
13	5 3 1 1 3
14	5 2 2 2
15	5 2 2 5
16	4 1 11 3
17	3 5 4 5 5
18	2 3 2 12
19	1 3 2 2 8
20	1 2 1 2 5
21	1 2 1 1 2 2
22	2 1 3 3 2
23	2 2 1 5 7
24	5 1 2 2 7 2
25	3 8 2 6 3
26	4 4 7 3 4
27	3 2 2 5 1 3 1
28	3 1 2 1 2 1 8 1
29	4 4 4 11 2
30	3 2 1 1 5 2 3 2
31	7 2 1 4 2 4 2
32	6 1 12 2 3
33	2 2 9 6 3
34	1 11 3 2 2 4
35	8 8 4

행	힌트
1	19 7
2	18 12
3	17 14
4	7 5 1 1 1 2
5	1 5 2 3 1 1 2
6	2 4 3 1 4 2
7	3 4 2 5
8	1 2 2 2 8 2
9	2 4 2 3 5 1
10	7 3 3 1 1 2
11	3 5 1 1 2 5 2
12	1 4 3 4 1 1 2
13	1 5 2 3 5 3
14	3 3 1 7 12
15	3 2 1 1 6 2 3
16	1 2 1 2 1 4
17	1 2 2 3 1 6
18	5 1 2 3 1 1 5
19	9 7 11
20	1 1 1 1 6 3 2 6
21	2 3 2 1 3 4
22	7 3 6 1 2
23	3 2 1 7 1 1
24	2 1 5 9 2
25	2 9 2 2 5
26	1 2 7 1 2 2 1
27	1 3 7 1 2 3 1
28	2 4 4 2 1 4 3
29	1 5 3 1 1 6
30	1 1 4 4 1 1 4
31	1 1 4 3 1 1
32	1 1 4 4 1 1 2
33	4 3 3 3 4
34	4 2 3 3 7
35	3 9

난이도 ●●●●●

C96 누구보다 잘 먹어요

3 8 4	
3 4 2 4	
3 6 1 6	
4 1 2 1 5	
4 1 1 2 1 5	
4 2 1 1 2 5	
4 1 2 1 1 2 6	
5 3 2 6 2 4	
5 1 1 1 2 5 4	
5 2 2 2 4 4	
6 1 3 3 4	
6 1 1 1 3 8	
2 5 1 2 3 1 3	
1 7 9 2 2 2	
3 3 7 1 3 1	
3 1 3 6 1 3 1	
3 3 1 5 1 3 1	
3 1 7 1 3 1	
3 1 2 5 3 1 3 1	
3 2 2 1 1 3 1 3 1	
4 3 2 2 3 3 1	
4 1 1 4 1 3 1	
4 1 2 2 1 3 2	
7 2 2 2 1 3	
11 4 2 3 4	
9 1 2 7	
8 5 3	
1 10 5 7	
3 1 3 8 2	
8 1 2 2 3 1	
9 2 1 1 3 1	
9 1 3 1	
9 2 2 2	
9 3 7	
9 20	

14 10 8
13 13 7
12 14 7
9 2 8 6
5 1 5 6
2 1 5 6
2 5 6
4 3 4 6
3 1 3 4 5
1 1 2 2 1
1 2 1 1
5 1 1 4
5 1 5 1 2 3
3 1 2 2 3 2
1 4 6 1 1 1 1
1 3 10 2 1 2
1 2 1 7 2 2 2 1
2 2 2 7 3 2 2 1
3 2 10 2 1 1
2 5 3 1 2 2 1
1 1 2 1 1 2 1
2 2 1 1 1 3 1
2 3 1 2 1 2 1
1 4 1 3 1 1 2 1
1 3 1 3 1 1
1 2 2 1 1 1
1 2 12 1 1
1 1 3 2 5 1
2 2 1 9 2 8
2 2 15 1 3 2
5 1 10 1 1 2
12 2 1 2
13 5 2
14 7 3
35

난이도 ●●●●●

C97 나른하고 평화로운 오후

Column clues (top to bottom):

Column	Clue
1	1 7 9
2	2 7 9
3	1 13
4	1 11
5	2 8
6	1 5
7	1 1 3
8	1 1 1 4 2
9	1 1 1 2 3 1 1
10	1 2 2 1 2 1 1
11	1 2 2 1 7 1
12	1 5 5 1 3 1
13	5 4 3 1 2
14	1 2 6 2 1
15	4 2 4 4
16	1 6 2 2 1 1
17	2 6 1 1 2
18	3 7 1 2 3
19	5 3 2 1 1 3 3 1
20	5 2 2 3 5 1
21	5 2 6 3 1
22	4 1 3 2 7 2
23	3 5 1 1 2 2
24	3 1 2 2 2 2
25	5 1 6 2 2
26	5 2 4 2 2
27	5 4 1 1 1 3
28	5 1 6 1 3
29	6 1 1 2 1 1 1 1 3
30	10 1 1 2 2 1 1 1 3
31	7 5 8 1 5
32	8 3 15
33	8 6 3 9
34	14 2 10
35	12 2 11

Row clues (left to right):

Row	Clue
1	11
2	15
3	17
4	11 6 11
5	4 1 7 12
6	2 1 1 2 7
7	1 1 2 6
8	3 2 1 2 1 1 4
9	2 1 1 2 1 1 4
10	2 2 1 1 1 2
11	4 2 2 2 1 2 2
12	5 3 2 2
13	4 3 2 3
14	4 2 2 6 3
15	2 2 1 2 1 1 3
16	1 7 1 4
17	1 11 6
18	1 5 8 4
19	2 2 2 3 3 2 2
20	2 1 2 2 2 3 1
21	2 2 2 2 2 3
22	2 2 1 2 1 3
23	2 3 1 2 3
24	2 4 3 3 4
25	3 1 1 7 1
26	2 4 3 2 3 2 2
27	4 1 3 7 7
28	5 2 1 6 4
29	5 8 7
30	5 1 4
31	6 2 7
32	6 1 5
33	7 2 9
34	8 2 14
35	12 20

난이도 ●●●●●

C98 이 구도로 찍으면 좋겠군

Column clues (top to bottom, left to right):

Column	Clues
1	4 18
2	14 3
3	12 2
4	9 2
5	7 2
6	8 2
7	4 2 3
8	2 2 3 3
9	9 6 3
10	3 2 2 3 3
11	2 1 4 4
12	2 1 2 6
13	4 3 3
14	10 5
15	5 8 1 4
16	5 1 7 1 5
17	5 1 3 1 3
18	5 3 3 2
19	5 3 3 4
20	5 3 8
21	5 10 4
22	5 8 1 1 3
23	6 6 1 1 2
24	7 2 1 4
25	7 2 1 3 3
26	11 2 1 2
27	9 1 1 3
28	8 6 2 2 1
29	11 1 3 2 1
30	8 1 2 1 2
31	2 2 3 2
32	2 1 4 4
33	2 2 5 5
34	3 7 7
35	16 3

Row clues (left to right, top to bottom):

Row	Clues
1	9
2	13
3	14
4	16
5	16
6	3 8
7	1 7
8	8 6
9	5 5 7
10	15 2 2 2
11	2 5 3 1 2 2
12	2 5 3 2 1
13	5 3 3 1 3 3 2
14	7 1 3 6 1 3
15	7 2 4 5 1 4
16	7 8 4 2 1 4
17	5 1 3 2 2 8
18	6 2 5 7
19	6 3 2 2 5
20	4 1 3 2 3 3
21	4 2 2 1 7 2
22	3 5 2 2 1 2
23	3 3 5 1 3 1
24	3 1 1 2 3 1
25	2 1 1 1 2 1
26	2 1 2 2 4 1
27	1 2 1 3 1
28	1 1 1 2 1
29	1 1 2 1 2
30	1 1 1 2 2
31	1 1 1 1 3
32	1 3 1 1 3
33	2 6 2 5
34	12 1 6
35	9 2 1 2 4

난이도 ●●●●●●

C99 업어주세요~

Column clues (top to bottom, left to right):

Column	Clues
1	1 11
2	3 12
3	5 7 4
4	6 5 2 2
5	6 3 1 1
6	3 3 2 2
7	5 2 2 1
8	7 2 2 2 2
9	10 7 8
10	5 3 2 5 2
11	7 7 1 4 2
12	4 3 2 1 1 1
13	3 1 3 1 2 1
14	2 2 1 1 2 1 1 2 1
15	3 1 1 2 4 1 1 1
16	3 2 2 1 7 2 1 1
17	3 2 4 2 2 4 1 1
18	8 1 1 3 3 1 1
19	11 1 4 5
20	12 3 2 3
21	11 1 2 4 4
22	6 1 2 2 4 4
23	6 1 1 7
24	8 6 6 4
25	9 2 6 3
26	7 2 1 3
27	6 2 3 1 1
28	4 1 1 4 1 11
29	3 2 4 16
30	5 1 4 3 4 3
31	5 4 3 4 4 4
32	8 7
33	8 5
34	8 5
35	8 4

Row clues (left to right, top to bottom):

Row	Clues
1	9 8
2	11 11
3	9 17
4	9 14
5	9 1 11 2
6	3 3 1 1 11 2
7	4 3 1 1 4 3 1
8	5 3 3 4 2 3
9	3 3 5 1 1 1
10	5 2 4 1
11	2 7 3 1
12	2 2 4 1 2
13	1 1 4 4
14	6 1 3 7
15	5 2 12
16	5 4 6 5
17	4 5 1 2 4
18	4 4 6 1 1 5
19	3 2 6 7
20	3 1 3 11
21	2 3 5 1 7
22	2 4 7 1 1
23	2 3 1 2 2 1 2
24	4 1 2 2 2 2
25	2 2 1 1 1 3
26	1 1 1 1 1 4
27	2 1 2 2 1 2 1
28	3 4 1 1 1 2 1
29	6 3 3 2 2
30	1 1 5 2 2 4
31	1 3 2 1 2 4
32	1 2 1 4 2 5
33	2 13 8
34	4 16
35	18 1 3

난이도 ●●●●●●●

C100 팔 근육을 키워요

14 7
14 2
14 2
11 1
10 8 2
9 2 3 1
8 2 4 2 1
7 3 5 3
7 1 1 5 2
6 2 2 4 2
6 1 2 5 6
2 1 4 2 3 5
1 7 1 4 5
4 3 2 4 5
7 3 9 5
8 2 6 5
6 2 3 7
6 1 1 1 2 9
6 2 1 1 1 12
5 2 4 1 2 8
5 4 2 2 9
5 5 5 11
6 5 20
9 5 2 2 11
1 5 3 3 3 5 2
2 5 1 8 3 1
5 1 2 6 5 3 1
5 2 1 4 1 1 4
6 1 2 2 2
6 2 9 1
7 2 2 2
8 1 1
8 2 3
9 3 8 3
10 6 7

13 9 11
12 11 10
11 13 9
11 13 9
11 13 9
11 1 5 3 7
9 1 2 5 5
7 4 1 3 2 1 3 4
6 3 2 2 3 1 2 2
5 2 2 3 1 3 1
4 5 2 4 2 2
3 1 2 2 7 1
3 1 2 2 3 4 2
3 1 1 5 1 3 1
1 4 3 2 1
1 2 3 4 5 1 1
1 1 3 3 4 1 1
1 1 4 3 3 1 2
1 1 4 3 3 1 1
2 2 3 2 4 1 1
2 5 7 1 1
2 3 2 4 2 1
1 3 2 1 3 1
2 2 1 1 3 1
1 1 1 6 2
5 1 2 7 3
3 3 10 3 2
2 3 9 3 1
2 2 9 2
1 3 9 1
1 15 1 1
1 14 2 1
1 1 14 2 1
1 18 2 1
1 9 8 1

난이도 ●●●●●●

C101 제 소원 좀 들어주세요

Column clues (left to right, top to bottom):

Column	Clues
1	2 29 2
2	2 26 2
3	21 2
4	2 4 10 4 3 2
5	2 17 4 3 2
6	16 2 1 2 4
7	13 4 2 4
8	4 5 3 1 4 2
9	7 1 1 2 1 1
10	2 1 2 2 2
11	6 3 3 2
12	3 6 6 2
13	2 2 5 4 3
14	3 2 2 3 6
15	2 1 8 9
16	3 3 7 2 2
17	1 1 2 1 2 3 4 2
18	1 1 2 2 1 1 5 2
19	1 2 1 2 1 14
20	1 2 1 2 2 6 2
21	1 2 2 1 1 5 1
22	1 3 1 2 2 3 1
23	1 3 2 2 2 2 3
24	1 3 4 2 1 6 3
25	2 3 2 10 5
26	1 4 1 6 6
27	2 11 3 1 1
28	2 3 3 1 1
29	3 6 1 1
30	4 5 1
31	3 4 3
32	5 4 2
33	10 2 1 3
34	4 8 3 3 7
35	16 17

Row clues (top to bottom, left to right):

Row	Clues
1	2 7 10 1 3
2	2 7 3 3 5
3	4 11 2 5
4	2 6 3 6 2 4
5	2 4 1 2 1 4 1 2 1
6	9 1 3 4 2 4
7	9 1 2 2 3 1 3
8	3 4 3 2 2 1 3
9	8 2 4 2 1 3
10	8 2 4 1 1 3
11	7 1 6 1 2
12	7 3 5 2 2 1 2
13	7 4 3 1 2 2 2
14	6 1 1 1 1 1
15	6 1 1 3 1 1
16	6 3 3 2 1
17	5 4 4 1 2
18	5 6 4 2 1
19	3 1 2 2 2 2 2
20	5 3 3 2 4 1
21	4 5 3 8
22	4 2 3 1 2 1 4 2
23	4 6 2 2 2 1 2 2
24	3 3 3 1 2 1 2 1 1
25	3 6 4 3 2 1 2 1
26	3 1 1 1 4 6 1 1 1
27	2 5 2 11 1 1
28	2 2 1 1 4 2 8 1
29	2 1 3 2 2 2 3 2
30	1 5 1 4 2 5 2
31	1 1 2 1 2 2 2 2
32	1 4 2 3 2 2
33	2 2 2 2 3
34	8 2 2 1 3
35	10 4 3

난이도 ●●●●●●

C102 세수할 때 머리가 젖지 않아요

Column clues (left to right, top to bottom):

Column	Clues
1	1
2	2
3	3
4	4
5	3 4
6	2 6 4
7	3 7 1 4
8	2 1 4 1 5 5
9	2 2 2 2 1 2 3 5
10	1 1 3 1 4 1 5
11	1 1 5 4 3 6
12	1 2 2 2 1 2 1 4
13	4 5 3 1 3
14	10 1 1 2 4 3
15	1 3 3 1 3 2 2 2
16	2 5 2 1 2 1 2 2
17	10 1 1 2 1 2
18	6 4 1 2 2 2
19	3 3 4 2 1 1
20	4 2 4 2 1
21	3 2 4 1 1 1
22	4 1 1 7 2 1
23	5 1 5 3 1
24	7 2 3 3 1
25	10 1 2 2 1
26	7 4 6 1
27	8 7 1
28	8 2 4 1
29	9 2 2 2 2
30	10 2 3 2 2
31	14 4 1 2
32	20 1 2
33	12 4
34	11 4
35	8 3

Row clues (top to bottom):

Row	Clues
1	5 10
2	2 15
3	2 3 13
4	1 6 3 1 9
5	4 6 9
6	2 9 8
7	1 7 3 9
8	2 4 2 3 2 8
9	6 3 3 1 6
10	3 2 3 4 2 5
11	3 2 3 4 1 4
12	2 1 2 6 1 3
13	2 2 3 3
14	3 5 2 2
15	1 2 2 4
16	1 1 1 2 3 4
17	4 5 4 5
18	5 4 5 6
19	1 2 2 1 2 4
20	3 2 1 2 4
21	1 4 4
22	4 4 4
23	1 2 2 5
24	6 2 1 6
25	4 2 1 6
26	1 3 1 5
27	1 3 2
28	5 1
29	3 1
30	4 2
31	4 2
32	9 5
33	12 3
34	17 7
35	35

난이도 ●●●●●

C103 전화하면 집 앞까지

Column	Clues
1	3
2	2 4
3	3 15
4	1 1 3 1 8
5	1 1 2 2 9
6	1 2 1 6 9
7	9 2 4 3
8	1 3 2 2 2 2
9	1 2 6 2 1 2
10	2 7 2 6
11	6 2 5
12	1 3 2 3 3
13	2 1 1 3 7
14	2 2 2 1 3 3 1
15	2 6 1 1 1 15 1
16	3 3 2 6 5 1 4 1
17	3 1 2 4 3 1 12 1
18	3 1 2 5 2 1 8 2 2
19	3 3 2 1 3 2 1 9 2 2
20	3 1 1 1 1 1 1 2 2
21	3 1 1 2 1 1 3 2
22	4 2 2 2 1 1 2 2
23	4 1 6 1 9 2
24	7 2 2 1 10 2
25	4 3 2 13 3 2
26	1 1 2 11 2 2
27	2 1 2 1 11 2
28	2 11 4 4 1
29	2 2 10 5 1
30	4 1 2 2 6 1
31	4 1 7 1 2 3 1
32	5 3 1 1 1 1 2 1
33	5 1 1 1 2 2 3 1
34	8 1 2 2 1 3 1
35	5 1 1 1 3 6 2
36	5 2 1 1 1 2 5 2
37	4 1 3 2 4 2
38	3 2 9 2
39	2 2 2
40	4 2

Row	Clues
1	8
2	10
3	11
4	3 4
5	9 2 6
6	2 1 4 11
7	2 1 1 1 14
8	1 1 15 1
9	1 3 1 1 7 2
10	2 2 2 4 1 2
11	2 3 5 1 3
12	4 3 2 5
13	3 6 1 2
14	10 3 1
15	3 1 2 2 7
16	4 4 1 2 1 1 2
17	2 2 5 1 1 1 1 5
18	2 2 1 4 2 1 5 1
19	6 2 3 2 4 1
20	13 5 1
21	9 1 2 1 1
22	2 1 1 2 1 2 1 1
23	1 1 1 1 11 1 1
24	2 1 1 3 2 1 2
25	1 1 2 1 2 3 1 5
26	1 1 1 1 2 11
27	1 1 1 1 3 7 2
28	1 1 1 1 3 7 2
29	1 6 1 3 6 1
30	9 1 3 3 1 1
31	2 2 1 3 2 1 2
32	7 2 1 8 1 4
33	8 2 5 2 1 4 2
34	9 1 1 1 9 2
35	5 2 1 3 10 3
36	4 1 2 13 4 3
37	4 14 8
38	5 8 5
39	9 10 6
40	7 27

난이도 ●●●●●

C104 Yo!

																														1	1								
									2																		1			1	1	1							
					2	1	2	2	5																	3	2	1	1	1	1	1	1						
				2	1	3	3	4	2	4	3		2													2	2	4	1	2	2	4	1	1					
			1	3	2	2	1	2	2	8	1	1	4			1							7			5	5	1	4	2	2	4	6	1	3				
		2	2	2	2	1	2	2	2	4	3	6	1	3	1	4	2		1	2	5	6	1	7	8	2	2	1	5	2	1	3	2	5	1		7		
		2	2	2	1	1	2	2	1	1	10	8	7	4	11	4	4	1	4	6	3	5	2	5	5	2	2	2	2	5	6	6	2	3	5	17	3	3	
	7	6	5	4	4	4	3	3	3	3	5	6	5	6	5	5	2	4	1	1	5	4	7	8	2	4	4	4	7	2	2	1	8	4	3	1	1	6	
14	15	5	3	2	1	1	1	1	1	1	1	2	2	2	3	4	6	6	1	2	3	4	5	5	10	10	9	8	5	4	4	5	9	5	5	13	7	3	17

									14
								6	3
								6	3
								5	2
								5	2
								5	2
							3	14	2
					1	2	4	3	4
						2	4	4	1
					1	1	5	6	6
								1	23
						4	6	8	6
				2	2	6	1	6	5
				2	2	3	1	3	4
				3	3	1	2	5	1
					2	8	1	4	1
			3	7	2	2	3	2	2
				2	6	3	5	2	7
		1	6	2	1	3	1	4	5
			4	5	1	1	3	2	1
				6	4	4	3	2	2
					1	10	3	10	1
		2	6	1	2	2	5	2	3
			5	3	1	1	2	1	4
				12	1	2	3	1	4
			2	7	2	1	3	3	4
			5	3	3	2	4	4	4
				12	3	1	10	1	2
		2	1	3	6	1	10	1	1
	2	2	4	2	1	1	7	1	1
2	4	6	1	1	2	5	1	1	1
2	4	4	1	1	3	3	2	1	1
		2	10	2	1	5	3	1	1
		2	8	2	1	7	2	1	1
	2	3	1	1	3	2	2	1	1
			3	2	1	4	2	1	1
				3	1	1	8	1	1
				4	2	1	8	1	2
				5	3	1	8	1	2
					14	1	8	1	2

난이도 ●●●●●

C105 함께 노래를 즐겨요

Column clues (left to right, read top to bottom):

Column	Clues
1	6 4 3 3 1 3 1
2	2 2 2 1 2 2 6 1
3	2 1 2 1 3 3 6 1
4	2 2 2 1 7 2 4 1
5	2 1 2 1 7 2 6 1
6	2 2 2 1 1 3 3 1 6 1
7	3 2 1 1 1 2 2 2 2 4 1
8	1 2 4 1 1 3 3 1 3 3 1
9	1 2 4 3 7 2 1 1 3 1
10	1 2 3 2 7 1 1 3 1
11	3 2 3 2 3 3 2 1 3 1
12	3 2 2 2 2 2 1 3 4 1
13	5 2 2 3 5 8 1
14	3 1 1 8 8 1
15	4 5 1 1 6 1
16	8 2 1 1 6 2
17	4 6 1 1 1 5 3
18	3 1 1 4 4 1 2 1 2 4
19	4 2 1 2 7 1 4
20	4 2 3 2 6 4
21	1 2 2 2 1 2 7
22	1 2 2 1 1 1 5 1
23	1 2 1 1 1 1 5 1
24	1 3 2 1 1 2 1 1
25	1 3 2 1 2 2 2 1
26	1 3 2 1 1 3 1
27	1 3 2 2 5 1
28	2 9 3 4 1 1
29	1 11 3 2 1
30	2 3 1 5 1 3 1
31	2 2 3 3 5 1
32	5 3 5 4 1 1
33	2 3 5 3 2 1
34	4 4 4 1 3 1
35	7 7 1 2 9
36	1 3 1 4 1 9
37	1 6 1 2 1 7
38	5 2 3 12
39	4 2 3 5
40	9 17

Row clues (top to bottom, read left to right):

Row	Clues
1	2 6 10 4 1
2	3 2 1 4 3 1 1 1
3	1 2 2 2 11 2 1 1 1
4	1 2 2 1 14 2 1 2 1
5	1 2 2 2 3 6 1 1 2 1
6	2 2 2 1 2 6 1 1 1
7	3 2 3 2 1 5 1 1 2
8	3 2 3 1 4 2 3 2 2 2
9	5 2 5 5 2 1 2 2 2
10	4 1 2 7 1 1 1
11	5 1 3 2 2
12	5 4 3 4 3 1 2
13	9 1 1 2 4
14	1 5 2 1 3 1 2
15	14 1 2 3 1 2
16	4 3 2 2 2 1
17	2 3 3 1 3 1
18	1 6 4 1 1
19	15 6 1
20	15 1 3 2 1
21	1 4 4 3 1 1 1 1
22	2 2 1 1 2 3
23	1 4 4 2 2 1 2
24	14 1 1 2
25	14 1 2 1
26	7 2 1
27	3 2 1 1
28	3 2 2 2
29	3 3 6
30	3 5 1 3
31	2 3 2 2 2 1 3
32	4 3 12 15
33	2 4 7 4 3 3 4
34	3 2 3 6 4 3 3 5
35	7 7 4 3 3 6
36	17 20
37	15 4 4
38	10 5 4
39	4 1 2 1
40	18 15 1

난이도 ●●●●●

C106 편하게 앉아서 팔랑 팔랑 넘겨요

1	6
2	2 3
3	2 3
4	2 3
5	5 2 1
6	4 1 2 1
7	4 2 2 1
8	4 4 1
9	3 4 2
10	2 5 1 3
11	3 2 1 1 3
12	1 1 2 3 3 3
13	1 1 2 12
14	5 1 2 2 2 9
15	1 2 1 1 4 3 2
16	1 4 8 2 5 1
17	1 1 3 4 3 9 1
18	1 4 2 2 2 6 1 1
19	1 1 5 1 3 3 1 2
20	1 1 2 2 2 2 1 2
21	1 1 1 3 3 2 1 2
22	1 10 2 2 2 2 1 2
23	1 1 3 1 2 3 2 1 2
24	1 3 8 3 2 2 2 1 2
25	8 2 3 3 2 2 1 2
26	4 7 5 5 2 1 2
27	3 2 2 2 1 1 2 1 2
28	5 2 1 6 2 2 1 2
29	6 2 1 1 1 6 1 2
30	6 1 1 1 1 1 1 2
31	7 2 1 1 1 1 2
32	8 2 4 1 1 2 1 2
33	7 9 1 1 2 1 1
34	14 2 2 6 1
35	13 2 9 1
36	1 8 3 1 3 2
37	1 7 1 1 7
38	2 6 2 10
39	6 6 4 6
40	4 8 4

1	6
2	23
3	2 11 2
4	1 13 2
5	1 3 9 2
6	1 2 9 2
7	2 2 7 2
8	12 3 1 6
9	1 1 1 3 2 5
10	1 1 1 1 1 6
11	1 2 1 1 2 8
12	1 1 1 1 3 5 3
13	1 1 1 3 3 3 2
14	4 1 2 4 1
15	1 3 3 1 3 1
16	6 4 2 2 1 2
17	2 2 3 1 2 1 1
18	6 2 3 1 1 1
19	1 4 5 1 1
20	2 3 2 3 4 1
21	1 2 4 8 1
22	1 2 4 1 1
23	2 4 4 1 2
24	1 2 5 5 2
25	1 4 5 2 1 6
26	2 2 2 5 1 9 2
27	1 1 2 7 2 1
28	1 1 1 3 4 1 1 1 1
29	2 4 3 2 1 3
30	1 2 2 4 1 1 2
31	3 1 1 5 1 2 2
32	1 3 2 6 1 4 2
33	2 7 2 15 3
34	2 1 3 2 7 1 3
35	3 2 3 1 1 2
36	2 2 2 18 2
37	1 2 2 2
38	5 5 1
39	4 29
40	15 14 1

난이도 ●●●●●

C107 어떤 옷이 유행할까요?

Column clues (left to right, top to bottom):

Column	Clues
1	18 1
2	5 2 1 2 1 2
3	7 1 7 2 6
4	5 12 1 2 6
5	6 2 5 1 5
6	4 5 1 2 1
7	3 1 1 5 1 1 1
8	2 1 2 5 1 7
9	2 2 18 7
10	6 1 5 1 8
11	6 1 4 1
12	5 3 1 1
13	2 4 1 1
14	7 1 4 2 1
15	12 4 1 4
16	5 8 3 3
17	4 8 2 2
18	4 2 1 1 2 4 2 2
19	3 1 1 1 2 10
20	3 2 1 1 2 1 4
21	4 2 4 2 1 1
22	4 8 3 5 1
23	13 4 2 7
24	5 6 3 8
25	3 9 1 1
26	2 2 3 1 1
27	3 1 2 9 1 2
28	3 2 3 2 5
29	5 5 2 6
30	9 10 1 3
31	10 3 2 1 3
32	12 2 3
33	5 3 1 9
34	3 2 18 1 1
35	3 2 2 2 8
36	3 1 2 2 4 4
37	2 2 4 6 1 4
38	3 2 3 11 1 5
39	8 27
40	6 7 1

Row clues (top to bottom):

Row	Clues
1	7
2	9
3	5 7 2
4	8 4 1
5	9 4 1 2
6	5 3 3 1 2
7	3 3 4 1 1
8	5 3 1 1 2 5 2 1
9	7 2 1 1 2 6 2
10	6 2 2 1 2 7 2
11	5 1 3 2 3 5 3
12	4 1 2 4 3 2 3 1 2
13	2 1 2 9 1 4 2
14	3 2 1 3 3 2 3 2
15	2 2 11 2 1 2
16	2 2 2 2 4 1 1 3
17	4 2 1 2 4 2 1 3
18	2 1 4 2 1 1 3 1 2
19	1 1 1 2 1 2 5 1 3
20	1 1 1 2 1 2 4 1 3
21	1 8 1 3 2 6
22	1 9 2 2 2 2 6
23	1 9 9 3 2 1 3
24	1 8 1 8 1 2 1 1 4
25	1 8 1 3 3 1 3
26	1 1 1 2 2 3 1 3
27	1 7 1 1 2 1 1 2
28	1 1 1 1 1 1 1 1 1 2
29	1 1 5 1 1 3 2 2
30	1 2 1 1 1 1 2 1 2
31	1 1 1 2 2 2 2 1 1
32	2 1 1 1 1 1 1 4
33	1 2 1 2 2 4 1
34	2 9 1 6 2 2 1
35	6 3 11 5 2 1
36	3 3 4 2 2 1 1 2
37	16 2 7 9
38	3 3 1 2 1 5 4
39	4 3 1 3 1 6 4
40	3 3 1 4 1 5 4

난이도 ●●●●●

C108 세상에 무슨 일이?

14 17
7 4 1 2 1 9
5 2 3 2 1 7
4 3 5 3 1 5
3 2 8 1 3
2 2 6 1 1 1
2 3 6 1 1 1
1 2 2 3 1 2 1 1
1 3 4 2 1 1 1 1
1 2 1 2 2 2 2 1 1 3
1 3 2 2 1 1 5 1
2 3 2 3 1 5 5
6 2 1 3 1 9
4 3 2 4 1 6
2 3 3 4 1 3
1 3 2 3 1 2
2 4 3 3 1 2
3 4 2 7 2
2 8 4 2 1
3 5 7 2
3 2 1 8 3
1 2 2 2 1 5 2 4
1 1 1 1 2 2 2 3 2 3
2 1 1 1 2 2 3 3 2 3
3 1 1 5 7 1 3 4
2 6 3 1 2 1 1 1 2 3
2 5 3 1 3 1 1 1 1 10
2 2 4 1 1 1 1 1 1 3 1
3 1 1 1 3 1 2 6 2
2 6 1 1 6 1 2 2
10 1 1 3 2 1 3
13 2 1 2 2 3
4 7 1 2 6 1 1 3
3 6 1 1 6 2 2 4
5 5 1 1 6 1 1 4
7 4 1 1 6 2 2 5
2 3 1 1 6 1 1 5
2 2 3 6 5 6
4 6
27

17 3 2
7 4 2 3 2
5 2 1 2 2
4 2 2 4 2 2
3 2 2 2 1 2 2
2 3 3 1 4 5
2 4 5 2 2 6
1 5 3 1 7 2 3
2 6 3 1 3 2 2
7 2 2 2 2 3 1
4 3 4 2 4 4 2
2 4 2 1 1 1 6 2
1 7 2 4 7 2
7 3 3 8 8 2
5 1 11 11
6 1 1 2 11
7 4 6 6 1
1 13 3 7 1
1 8 2 6 1 1
3 6 1 1 6 1
1 4 1 1 7 1
2 10 3 4 1
2 3 7 6 1
2 6 2 6 1
1 4 7 6 1
1 6 3 2 6 1
2 3 3 6 6 1
1 2 4 1 2 1
1 3 3 2 5 3 1
1 8 2 1 3 2 3 1 1
1 4 2 1 5 4 1 1
2 10 1 3 4 1 1
2 5 3 1 1 3 1
3 3 5 1 3 1
3 3 3 1 3 3
4 3 4 4 5
4 1 2 4 1 2 7
5 1 1 4 1 10
5 1 1 4 1 12
6 4 14

난이도 ●●●●●

C109 깔끔하게 만들어요

Column	Clues
1	11 6 4
2	3 3 4 4 14
3	3 2 3 2 3 8 2
4	3 2 7 3 9 2
5	2 2 1 2 4 11
6	3 1 2 1 1 5
7	3 1 2 1 1 1 2
8	3 1 2 1 1 3 1 2
9	1 2 3 3 3 2
10	1 2 3 3 4 2
11	19 1 3 3 2
12	19 3 8 2
13	1 4 2 8
14	1 3 2 3
15	4 3 4
16	1 4 4 4
17	3 2 2 3 3
18	1 3 2 3 6 3 2
19	3 3 1 6 14
20	1 5 2 4 1 3
21	2 5 2 1 3
22	1 10 4 1 3
23	1 8 1 2 11
24	1 3 5 1 1 11
25	1 2 1 2 1 1 1 3
26	1 4 1 1 1 1 1 3
27	1 2 1 1 2 1 1 1 3
28	2 1 2 4 1 2 14
29	2 1 2 18 3 2
30	4 2 2 1 3 5 3 2
31	7 2 1 11 3
32	5 3 8
33	21 2 5 3
34	19 3 5 3
35	2 1 2 11 4
36	3 1 2 14
37	3 1 7 9
38	4 2 4 1 4
39	3 2 2 6 4
40	7 4 2 3

Row	Clues
1	2 1 1 2 9 2 1
2	2 2 1 2 3 3 2 1
3	2 1 2 2 2 2 3 1
4	1 2 1 2 2 7 4 2
5	1 1 2 2 1 5 2 2 1 1
6	3 1 2 2 2 1 1 1 2 2 2
7	2 2 2 5 2 1 1 1 2 1 1
8	2 2 2 8 1 1 2 2 1
9	1 2 2 3 3 2 2 2 3
10	3 2 5 2 2 2
11	2 2 3 8 2 1
12	1 2 2 3 3 2 2
13	2 2 2 1 1 4 2 2
14	14 1 2 3 8
15	2 2 2 1 1 3 1 3 1 1
16	1 1 2 3 1 1 6 2 1
17	1 1 2 2 6 1 3 1 1
18	2 11 4 1 6 2
19	2 11 3 2 5 1
20	4 1 1 1 9 1 1 1
21	3 2 2 1 1 3 2 1 1
22	1 1 2 1 1 1 1 4
23	5 2 2 1 2 2 1 2 2
24	2 2 4 1 7 2 1
25	8 2 1 7
26	3 3 1 8
27	2 1 14 3
28	1 6 1 2 1 3 3
29	3 8 1 2 1 3 3
30	4 9 1 2 1 3 2
31	4 8 2 1 3 3
32	4 4 5 2 2 2 3
33	4 5 4 2 6 3
34	4 3 1 1 2 6 2
35	9 2 1 2 1 3 2 2
36	6 2 1 2 1 5
37	2 8 1 2 1 6
38	2 6 4 4 7
39	6 5 6 6
40	4 5 6 3

난이도 ●●●●●

C110 쭈욱 늘어나는 치즈가 먹음직스러워요

9 3 6
9 1 2 6
9 2 1 5 6
8 3 1 4 13
8 1 1 13 9
8 2 1 3 5
8 2 1 4 2 3
8 2 3 2 3
8 2 2 3 2 3
8 1 2 1 2 3
8 2 2 2 5 4
8 3 1 1 6 4 6
9 3 3 1 6 2 3
9 4 2 3 3 2
9 1 1 1 2 5 2
9 4 1 1 2 2 2
3 3 2 2 4 1 1
2 5 1 2 1 1 2 2 1
1 13 1 2 3 2 1 1
11 1 1 1 7 2 1 1
5 3 1 2 1 3 3 1
5 1 4 1 1 2 3 1
4 1 5 2 2 1 2 2 1
4 2 1 2 4 3 2 1
7 2 1 2 3 3 1
6 3 2 1 1 3 2 1
5 1 3 1 2 1 1 3 1
7 1 1 1 2 3 1
6 2 2 1 1 2 3 1
8 1 2 1 7 1
12 1 2 3 1 1
11 1 2 3 1 1 1
9 6 1 3 2 1 1
14 4 2 2 2 1
1 12 2 1 2 1 1
2 8 1 2 2 1
4 2 2 4 2
15 1 8 2
15 2 6 4
15 1 8

19 11 6
18 15 5
17 17 4
16 17 4
16 5 12 3
16 4 3 9 3
16 3 3 2 7 3
16 3 7 3
3 4 3 6 3
9 5 4 6 3
2 4 4 3 1 2 1 2 3 3
5 5 3 1 2 1 3 3
1 4 2 2 1 1 2 3
2 2 4 6 2 3 4
4 2 3 2 3 3 4
1 1 2 1 6 1
1 1 1 4 10 1
1 1 1 1 5 2 2 1
1 2 2 3 2
1 1 5 4
1 1 1 2 3
2 1 6 3 2
2 1 3 2 3
4 2 3 6
9 2
1 7 2 1 1
1 4 1 1
2 3 1 1
1 2 1 2
1 2 13 2
1 1 5 3 4 2
2 3 3 3 3 5 2
2 4 2 3 2 5
2 3 4 2 3 2 2 1 2
5 4 3 5 2 3 1 1
6 1 2 5 7 2 1
6 2 3 3 3 3 2
13 5 6 2
16 4
40

난이도●●●●●

C111 다같이 모여서 재밌게 놀자!

10 3 3 2
10 6 7 2
2 7 4 6 2
7 5 2 3 2 2
2 3 2 1 2 2 2
7 3 1 3 3 7 2
2 3 3 6 2 2
10 3 2 2 1 3 2
10 10 7 2
1 6 2 6 5
1 4 2 8 3 2
11 8 1
15 6 3
7 6 5
1 2 10
1 3 3 8
1 3 6 2 8
7 2 1 4 1 6
1 2 1 2 1 1 6
7 1 1 1 4 6
3 2 2 1 3 3 1 6
3 2 4 2 1 1 6
3 1 1 2 1 1 9
3 2 1 1 4 6 2
4 2 1 2 6 1
5 2 2 1 2 9
8 7 1 2 1
4 2 1 3 3 6 2
1 2 2 4 3 2 1 2 1
8 4 3 1 2 2 2
1 3 2 6 2 3 2
1 5 5 1 3 1 3
13 4 7 1 4
1 5 7 2 4
1 5 8 1 4
1 4 4 10
1 4 3
1 4 2
1 1 2
18

2 1 1 2 2 1 6 1 1 1
2 1 1 2 2 1 8 1 1 1
2 1 1 2 2 1 9 1 1 1
2 1 1 2 2 1 1 4 1 1 1
2 1 1 14 1 15
9 3 1 3 1 2 1 1 1
9 3 2 1 2 2 1 1 1
2 2 2 1 2 3 2 1 1
2 2 2 2 5 3 1 1 1
2 2 2 1 2 1 1 1 1 1
2 1 4 1 3 1 1
3 3 1 5 1 1
3 1 3 1 1 2 1
5 3 1 1 1 2 1 1 1
7 3 12 1 5 1
9 5 2 3 10
3 2 4 1 5 7 1
6 3 4 5 8
3 1 4 1 5 5
3 2 3 4 1
3 5 5 5
6 7
1 1 8
2 1 2 1 6
2 1 2 1 6
3 2 1 1 1 1 4
2 1 6 2 4
2 2 1 6 3 1
2 13 1 2
2 15 1 1
1 19 3 1 1
1 1 20 1 1
1 1 15 1 2 1
5 2 12 4 3
5 1 21 3
2 4 8 4
1 3 1 2 5
5 2 3 1 1 7
14 2 1 8
5 5 3

NemoNemo Logic Vol. 39

PART D

SIZE: 45×45 50×50

D112

난이도 ●●●●●●●

Column clues (left to right, top to bottom):

Column	Clue
1	4 8 6
2	20
3	9 9
4	16 3
5	3 13
6	3 12
7	2 3 4 2
8	8 1 11
9	5 2 1 6 2
10	2 7 2 3 1
11	5 6 1 1
12	13 7 1
13	8 3 1 4
14	5 8 2
15	3 11 6
16	3 11 1 1 3
17	2 1 4 3 1 7
18	3 2 3 2 1 3 2
19	2 1 4 1 4 1 1 1 1
20	2 9 1 10 1 1 1
21	1 7 4 4 2 2 1 1 1
22	2 4 2 8 2 1 1 1 1
23	1 1 1 4 6 2 2 1 1 1
24	1 1 5 3 4 5 1 1 1
25	1 1 4 2 3 2 2 2 1
26	1 1 5 2 1 2 2 1 1 2
27	1 1 3 2 1 1 1 2 2 1 2 2
28	1 1 2 1 2 2 4 3 3
29	1 1 2 1 2 3 1 2 3 2 1 1
30	1 1 3 2 3 2 4 1 1 6 1 1
31	1 1 7 2 3 1 1 2 2 2 2 1
32	1 1 6 3 3 5 1 1 1 5
33	1 3 5 4 4 2 2 2
34	2 3 2 7 2 4 2 1
35	2 11 2 1 2 3 3
36	3 6 3 2
37	7 1 2 1 3
38	4 2 2 9
39	4 2 1 1
40	2 2 1 1
41	5 1 1
42	5 3
43	9 5
44	24
45	3 18 1

Row clues (top to bottom, left to right):

Row	Clue
1	11
2	3 2
3	2 2
4	2 2 1 2
5	1 1 9 1
6	2 2 2 2 1
7	2 3 6 2 1
8	1 1 10 1 1
9	2 2 5 4 1 1
10	1 7 5 1
11	1 8 6 1
12	1 2 2 2 4 1 1
13	1 1 1 1 1
14	7 1 2 1 1 1
15	7 1 2 2 2 2 1
16	9 3 2 6 2 1
17	2 3 3 3 1 1 2 2
18	12 2 1 5 3 1
19	12 2 3 2 2
20	3 5 2 3 3 4
21	1 7 1 4 5 2
22	5 4 11 5 5
23	24 10
24	2 9 3 2 1 6
25	2 4 2 3 3 4
26	6 3 2 1 1 4
27	6 3 1 2 2 1 3
28	5 2 3 4 3
29	4 2 8 4 3
30	3 6 4 1 2 1 3
31	4 3 1 1 2 1 1 2
32	4 1 1 3 1 1 2
33	5 2 2 4 1 1 2
34	6 10 3 1 1 2
35	2 12 1 2 1 2
36	10 1 1 6 1 4 2
37	10 1 1 4 4 2 2 2
38	6 2 1 1 5 2 10 2
39	8 1 4 3 3 2
40	9 1 9 3 2
41	8 1 2 3 3
42	3 4 1 2 2 3
43	6 1 1 2 5 4
44	9 1 2 3 2 3
45	2 10 17 5

D113

난이도 ●●●●●●

Column clues (left to right, top to bottom):

1. 4 16
2. 3 1 3
3. 5 4 3 1
4. 4 6 2 1 2
5. 4 7 2 1 1
6. 5 6 1 3 2 1
7. 3 1 5 2 4 5
8. 5 4 2 10
9. 5 3 5 1 3
10. 4 9 2 3 2 2
11. 2 8 7 2 1 2
12. 1 12 3 3 1 4
13. 21 4 2 1 1
14. 12 5 1 2 1 1 1
15. 11 1 5 1 1 2 5
16. 5 5 2 4 3 1 1 2
17. 5 5 2 8 2 1 1 2
18. 1 2 4 2 3 5 2 1 1 2
19. 1 2 1 4 8 1 1 2
20. 2 2 1 1 1 7 2 1 2
21. 2 2 1 7 7 2 2 1 2
22. 1 4 1 2 2 6 2 4 5
23. 2 2 4 6 2 4 1 1
24. 5 2 9 4 4 4
25. 3 2 5 1 4 1 2
26. 5 2 4 1 2
27. 5 1 4 9 2
28. 6 4 6
29. 2 3 14 4 4 3
30. 6 3 6 2 2
31. 6 1 3 13 1
32. 5 1 14 3 5 1
33. 1 1 1 4 1 1 1 4 1
34. 8 1 5 1 1 1 5 2
35. 1 8 1 4 1 1 1 4 2
36. 1 7 1 5 1 4 3
37. 1 7 1 4 2 17
38. 1 8 1 3 6 1 1 3 7
39. 8 1 1 1 2 2 4 2
40. 1 1 1 1 1 3 2 4 3
41. 6 2 1 1 1 5 3 2
42. 7 2 1 2 1 4 9
43. 6 14 1 3 9
44. 6 2 2 2
45. 3 3 5 1

Row clues (top to bottom):

1. 3 7 7 4 7 4 3 2
2. 11 5 2 10 1 1 5
3. 10 6 2 5 3 2 2 5
4. 1 4 3 7 1 1 7 6 4
5. 3 5 11 9 6 5
6. 5 5 2 4 6 5
7. 7 2 6 2 1
8. 8 2 13
9. 9 1 2 6 2
10. 9 1 3 4 2
11. 14 1 1 1 1
12. 5 3 1 13
13. 4 4 4 1 1 1
14. 4 2 3 4 1 1 1
15. 6 1 1 1 1 1 1
16. 7 1 1 1 1 1 1 2 1
17. 6 2 1 5 1 1 1 3 1
18. 5 3 3 4 1 1 4 1
19. 4 4 5 2 1 1 4 1
20. 4 5 1 3 1 5 1
21. 2 2 11 2 6 1
22. 3 11 5 2 1
23. 3 2 13 7 1 2
24. 5 2 8 1 2 4 5
25. 2 1 3 6 1 8 1
26. 2 2 1 2 3 1 5 1
27. 1 1 2 6 1 4 1 3 2
28. 2 2 6 2 4 2 1
29. 1 3 2 4 4 6
30. 2 3 2 4 3 2 3
31. 1 1 6 4 3 7 1
32. 1 1 4 1 1 2 4 5 1
33. 1 2 3 1 1 5 1 4 1
34. 1 1 1 1 1 5 2 3 1
35. 1 1 1 3 6 1
36. 1 2 1 3 4 2
37. 1 1 1 1 3
38. 1 1 8 1 7
39. 1 3 6 6 7
40. 1 7 1 1 1 1 2 7
41. 1 2 1 8 1 1 5 2
42. 1 5 17 1 3 2
43. 1 2 5 5 6 2
44. 1 2 4 2 7
45. 1 2 7 6

D114

난이도 ●●●●●●●

Column	Clues
1	3 10 9 13
2	3 2 1 3 3 10
3	3 2 1 2 3 3
4	3 2 1 1 1 1 2 2
5	3 3 6 1 1 1 18
6	3 5 8 1 1 1 18
7	3 13 1 1 3 2
8	3 3 1 3 8 3
9	15 4 5 4
10	2 2 1 6 6
11	4 1 4 6
12	2 3 1 4 8
13	2 1 1 6 8
14	1 3 1 2 11
15	1 6 1 1 8
16	1 7 1 2
17	2 9 6 2
18	6 2 2 4 8
19	2 1 2 1 3 9
20	2 1 2 2 1 3 5 2
21	1 5 2 2 2 2 3 4 4
22	1 6 1 6 5 6 4
23	8 1 4 3 12
24	8 1 1 4 4 3 5
25	7 2 1 2 5 4 7
26	7 2 3 2 3 5 10
27	7 2 3 1 2 5 12
28	6 3 2 2 1 6 12
29	6 4 2 8 13
30	6 8 3 8 14
31	6 6 10 2 15
32	5 9 7 16
33	1 5 1 6 18
34	2 2 1 1 18
35	4 1 20 3
36	1 17 4
37	1 1 8 2 2 2
38	6 1 5 2 3 2
39	3 4 1 1 4 2
40	4 3 1 2 4 1
41	25 1 1 1
42	4 3 1 3 1 2 1
43	3 4 1 3 1 1 2
44	6 1 3 4
45	1 1 4 6

Row	Clues
1	3 11 3
2	5 2 9 5
3	7 2 11 7
4	6 1 12 9
5	5 1 12 1 1 1
6	3 3 1 12 1 1 1
7	5 1 6 7 4 1 1 1
8	2 3 1 2 8 3 2 2 1 2
9	1 2 1 1 3 9 1 1 1 1
10	1 2 1 21 1 5
11	1 2 1 8 7 5
12	1 5 3 2 5 3
13	1 7 7 5 4 1
14	1 4 2 4 3 3 3 1
15	1 3 1 2 2 1 1 1 1
16	1 3 1 1 1 14
17	7 1 1 3 2 1
18	14 4 2 1
19	3 1 5 2 1
20	6 2 3 4 1
21	2 2 3 2 5 1
22	2 6 2 3 3 3 4 1
23	2 1 4 6 4 7
24	1 6 2 3 4 5 4 2
25	1 1 2 17 4 2
26	1 2 1 2 6 4 5 4 1
27	1 2 2 5 2 3 4 2
28	2 4 3 2 5 5 2
29	3 4 1 2 4 6 5 3
30	6 2 1 1 4 5 5 2
31	4 4 1 4 5 6 1
32	2 2 1 4 4 7 1
33	1 2 2 2 3 3 9
34	1 2 2 3 5 12
35	1 2 1 3 3 11 3
36	2 2 1 3 2 12 5
37	2 2 4 15 2
38	2 2 6 14 5
39	3 2 6 14 1 2
40	3 2 5 1 14 2 1
41	6 5 1 13 2 1
42	2 8 1 3 10 1 2
43	2 6 1 1 1 12 2
44	2 2 1 2 1 14 3
45	2 2 1 2 1 7 1 8

D115

난이도 ●●●●●●

																							5																					
																							4	6																				
																					3		1	4	6	6	6	8			7													
																					2	5	3	1	2	2	1	4			3	6												
											6									3	4	7	1	2	2	3	2	2	8	8	3	1	4											
										7	1	12	6			4	3	2	3	2	2	2	1	1	1	1	3	3	7	11	3	3	5		6									
									1	4	2	4	9			1	4	4	3	3	2	2	1	1	1	1	4	5	3	1	3	1	1	4	5									
								5	3	2	2	1	1	11	6	3	4	3	2	2	5	6	3	6	4	4	2	1	2	5	2	13	7	4	5	18	2	2						
5		3						2	3	2	1	2	3	13	3	7	5	5	5	6	2	3	2	2	5	2	2	2	6	3	2	1	8	7	3	3	6	3				4	1	5
1	6	3	6	6	5	5	5	2	9	2	2	3	2	4	16	3	3	2	3	5	2	1	1	1	2	5	1	1	7	2	1	1	1	10	4	2	5	2	6	6	8	2	6	2

						9
						14
						19
						21
					4	14
					5	13
				4	5	3
				4	4	3
					4	3
					5	1
					7	1
				3	2	2
					6	2
		5	5	1	4	3
		2	3	10	3	6
			5	3	4	10
	2	3	3	5	4	6
1	2	2	6	1	6	2
		1	5	5	4	2
	1	1	3	2	5	1
		1	1	3	2	2
	1	2	2	1	1	2
	1	1	4	1	1	2
	2	1	5	5	3	2
			1	6	12	2
	5	2	2	4	2	1
				6	1	3
				3	10	3
			3	2	3	3
				3	6	4
				5	1	3
					10	5
					19	2
			1	2	6	9
	1	3	4	2	1	16
	12	1	12	4	3	1
	8	2	2	3	2	12
	2	7	1	4	10	1
	10	2	5	2	2	6
5	1	1	4	3	2	8
	3	1	2	15	4	2
		1	5	6	3	5
	1	2	1	1	2	3
	1	3	2	2	3	2
				1	17	1

D116

난이도 ●●●●●●●●

Column clues (left to right, each read top to bottom):

Column	Clues
1	2 9 2 1 2
2	2 3 2 4 2 3 1 3
3	2 1 1 2 3 2 2 2 7
4	2 1 1 5 6 2 2 3 2
5	2 1 1 3 4 2 3 2 5 2 2
6	9 5 1 4 2 1 2
7	2 3 5 2 3 5 2 2
8	2 6 2 2 6 3 2
9	8 4 3 2 2 7
10	2 1 2 4 3 3 3 1 3
11	2 5 3 3 3 1 2
12	3 4 3 3 6
13	3 3 3 1 2 4
14	3 3 4 4 4
15	3 5 3 3 4
16	3 3 3 4 1 2
17	3 4 3 1 2 1
18	3 1 3 6
19	4 1 3 2
20	4 2 3 2
21	4 2 3 2
22	4 2 3 3 2
23	4 3 2 4 3 6
24	4 2 1 2 8 1 1 2
25	2 8 3 5 1 4 1 1 2 1
26	2 1 1 3 9 1 1 1 2 1
27	2 2 3 1 1 4 3 1 1 1 2 1
28	1 2 2 1 1 2 2 4 1 1
29	1 2 2 1 2 3 2 3
30	1 3 5 2 1 2
31	1 4 2 3 3 2 2
32	1 1 1 3 2 2 3 2 2
33	1 1 1 5 1 2 3 4 2 1
34	1 1 1 3 1 2 3 3 4 1
35	1 1 1 1 3 2 3 3 5 1
36	2 2 8 1 3 10
37	2 9 3 3 4 6
38	3 5 2 1 3 3 5 7
39	9 1 11 16
40	8 2 5 3 20
41	4 5 6 3 4 10
42	2 2 9 3 3 8
43	2 6 5 2 2 6
44	2 3 3 2 2 6
45	2 5 2

Row clues (top to bottom, each read left to right):

Row	Clues
1	45
2	27 10
3	1 1 13 4 4
4	5 1 6 2 4
5	2 2 1 4 6 2
6	7 3 1 4 5 2
7	1 2 1 1 1 3 9 2
8	6 3 1 2 6 2
9	2 2 2 1 3 5 3
10	1 2 2 4 7 4
11	1 2 1 1 3 9 1
12	1 10 2 1 1 2 3 3
13	2 9 2 1 1 6
14	1 8 1 10
15	1 6 3 3 1 6
16	2 3 1 7
17	1 2 4 1 5
18	2 2 1 2 2
19	1 4 1 4 1
20	2 2 2 6 3
21	5 2 1 6
22	2 2 3 3 7
23	2 3 14 3
24	1 3 9 5 2
25	2 14 1
26	2 3 3 6
27	7 3 2 8
28	8 1 1 2 6 1
29	3 2 6
30	4 3 8
31	4 5 18
32	4 14 7 3
33	1 2 13 2 3 3
34	1 2 12 1 4
35	2 2 2 1 5
36	2 2 3 7 8
37	2 2 5 2 3 11
38	1 1 3 5 14
39	2 2 2 2 1 13
40	7 2 2 6 11
41	5 6 1 2 11
42	2 2 7 5 1 2 2
43	2 2 4 1 1 5 1 1
44	16 7 4 1 1
45	16 19 1

D117

난이도 ●●●●●●●●

Column	Clues
1	12 10
2	8 1 6
3	2 1 3 2
4	13 6 4
5	15 4 2
6	13 4 3 3
7	2 1 2
8	5 1 5 4 3
9	8 1 2 3
10	4 10 4 4
11	10 6 10 4
12	1 2 6 4 4 3 3
13	1 13 1 3 4 3
14	2 7 1 3 3 2 2
15	1 9 4 2 4
16	2 8 6 3
17	9 8 5 2
18	1 6 4 3 2 3
19	1 3 8 4 2 1 4 2
20	1 10 3 3 2 2 6 2
21	1 6 2 2 2 3
22	1 8 1 5 2 7 1 2
23	1 8 1 2 2 3 2
24	1 9 3 2 2 2 2 1
25	1 9 4 2 2 1 3 3
26	1 4 4 3 2 2 1 1 2 2
27	11 2 3 3 2 1 1
28	10 2 3 1 3 3 2 2
29	9 2 4 2 3 4 3
30	4 4 1 2 2 5 2
31	8 2 4 3 3 4
32	3 7 4 2 1 3 2 7
33	7 3 3 3 4 2 4
34	9 4 6 2 1
35	9 2 6 3 3 3
36	3 8 6 3 3
37	1 12 1 1 6 2
38	1 1 1 2 1 2 8
39	1 1 13
40	1 1 4 6
41	38 2
42	4 2
43	40 3
44	43
45	1 1 1 2 1 2 6

Row	Clues
1	14 2 1 3
2	3 8 1 1 2
3	4 1 18 3
4	1 3 10 4 1 2
5	1 4 14 2 1 2
6	2 15 7 1 2
7	3 4 6 12 1 2
8	3 19 4 1 2
9	1 2 26 1 2
10	1 7 10 1 7 1 2
11	1 3 17 2 3 1 2
12	2 3 2 10 2 1 3
13	2 3 2 8 2 1 2
14	2 3 3 4 3 4 2 1 1 2
15	10 2 2 8 5 1 3
16	10 2 1 1 3 1 3 2 1 3
17	2 3 2 1 1 2 3 1 1 2
18	2 3 3 1 1 1 1 1 2
19	1 3 3 1 1 1 1 1 2
20	1 3 4 2 1 1 2 1 2
21	1 3 5 1 2 1 1 1 2
22	1 3 3 1 2 7 1 1 2
23	15 2 6 1 1 2
24	3 1 2 2 1 3
25	5 1 2 1 2 1 2
26	7 1 1 5 1 1 2
27	3 3 2 3 1 1 3
28	2 4 2 1 3 1 3
29	3 2 3 2 9 2
30	2 1 4 2 2 2 1 2
31	4 2 3 8 3 1 2
32	6 4 2 6 2 1 2
33	4 1 3 6 1 1 2
34	3 1 2 1 1 3 2
35	5 1 2 5 2 7 2
36	5 3 9 2 13
37	4 1 1 35
38	2 1 1 1 9 1 1 5 3 4
39	2 1 1 1 1 1 1 1 1 1 3 3 3
40	2 1 1 1 1 1 3 2 4 3
41	1 2 1 1 1 1 5 2 2 3 1 2
42	1 2 1 1 1 1 1 3 1 3 1 3 1 2
43	1 1 1 2 2 1 2 2 2 1 2 3
44	1 2 1 1 4 1 1 1 3 2 1 1 3 1 1
45	1 1 1 1 1 1 1 1 1 1 2 1 1 2 1 1

D118

난이도 ●●●●●●●

Column clues (left to right, top to bottom):

Column	Clues
1	4 9 7 5
2	2 2 2 4 7 2 2 2 3
3	2 2 10 6 4 2
4	2 2 10 10 4 2
5	6 9 10 2 2 2
6	5 4 6 7 9 4
7	9 3 7 3 6 5
8	1 1 4 3 5 5 5 6
9	1 1 4 2 4 4 3 1 3 6
10	6 1 1 2 5 8 7
11	5 2 18 7 6
12	5 5 7 14 5
13	10 2 2 12
14	3 4 1 3 1 3 8
15	1 1 1 2 3 1 6 8
16	1 2 1 2 3 1 4 2 5 5
17	4 1 1 1 3 6 2 5 2
18	6 1 2 1 3 2 6 2 2
19	2 1 1 4 1 3 2 2 2 1
20	2 1 1 1 4 2 4 2
21	3 1 1 2 2 2 1 2 3
22	2 1 2 2 2 1 5
23	3 1 2 1 1 1 3 1 5
24	4 1 1 2 3 6 1 6
25	1 2 1 1 2 1 2 4 2 6
26	1 2 1 1 2 1 1 1 2 2 1 7
27	2 1 1 2 4 1 2 1 10
28	1 2 1 1 2 4 1 3 2 1 8
29	3 2 1 3 4 2 9
30	1 2 1 1 2 2 10
31	1 5 3 10
32	3 1 2 4 9
33	2 1 2 9
34	2 3 4 2 11
35	2 1 1 3 3 15
36	3 3 2 3 2 2 1 9
37	4 1 2 3 2 3 2 8
38	4 2 2 2 1 2 3 8
39	1 2 2 2 1 5 9
40	3 2 4 4 3 9 2
41	1 3 2 2 1 2 5 6 4
42	2 9 2 5 6 5
43	2 12 3 3 8 6
44	1 13 5 2 5 4
45	4 7 5 6 3

Row clues (top to bottom, left to right):

Row	Clues
1	11 2 1 3 9 4
2	6 5 3 4 2 7 2
3	13 3 2 5 3 3 1 1
4	3 4 3 2 4 4 1 2 2 2
5	13 3 3 4 3 2
6	4 4 4 1 3 2 2 5
7	5 2 7 1 2 1 2 4
8	4 4 4 6 2 4
9	7 4 5 4 2 3 1 4
10	1 4 2 5 2 1 2 4
11	5 6 2 1 7
12	7 2 3 3 1 1 1 4
13	7 3 5 6 3 1 4
14	6 3 2 1 1 1 1 4
15	1 4 2 2 2 2 1 1 3
16	6 2 2 1 3 1 2 1
17	8 2 4 1 5 3 2 2 1
18	2 2 3 5 2 4 1 1 1 2
19	2 6 3 3 1 1 5 3 2
20	2 4 1 2 2 2 1 1 1 1
21	2 4 4 4 1 3 2 2
22	1 4 3 2 1 3 3 2 2
23	1 5 2 2 2 2 2 2 1
24	6 3 2 2 1 5 1
25	6 1 3 4 2 3 3 1 1
26	1 3 3 2 9 3 1 2 1 1
27	9 2 2 3 1 1 1 2
28	9 2 2 1 2 1 1 2 2 1 1
29	1 1 1 1 1 3 3 1 2 1 1 3 2 4
30	2 2 3 15 1 2 8
31	12 2 2 3 1 2 12
32	7 4 1 1 1 2 1 12
33	2 10 1 2 2 13
34	1 12 2 2 2 12
35	16 5 1 11
36	4 8 3 2 11
37	2 7 3 11
38	1 13 11 1
39	6 1 2 11 2
40	7 2 2 12 3
41	7 1 15 3
42	8 1 2 11 4
43	7 3 11 3
44	7 2 12 4
45	6 12 4

D119

난이도 ●●●●●●●

Column	Clues
1	18 10 12
2	16 5 2 1 3 7
3	5 8 1 9 5
4	4 5 4 9 4
5	4 4 1 6 3 3
6	3 3 5 4 3 2
7	4 3 4 4 3 1
8	3 4 4 6 2
9	2 2 4 4 6 2 3
10	1 1 4 7 3 4 2
11	1 1 7 6 5 2
12	2 2 8 4 11 2
13	3 8 4 5 5 3
14	5 5 20
15	3 4 6 13
16	2 5 6 9
17	3 7 5 1 4
18	5 5 3 1 4
19	7 5 2 2 3 5
20	7 4 2 1 11
21	7 5 2 2 7
22	4 4 2 4 1
23	14 3 2 2 1
24	2 1 2 7 2 1
25	2 1 2 2 4 1 2
26	4 1 5 1 1 3 2 2
27	2 2 1 2 2 2 2 1 2
28	1 2 1 4 2 1 2 1 1 3
29	6 1 5 1 2 2 1 3
30	3 2 1 2 2 1 3 1 2 1
31	3 2 1 2 2 1 4 1 1 1
32	1 2 1 1 4 1 2 2
33	4 2 1 3 2 2 2 2
34	9 3 4 1 1 2 3
35	21 2 2 1 4
36	13 8 2 2 4
37	7 2 4 3 5
38	8 6 3 2 3 2
39	3 6 3 6 3 1
40	2 2 10 2 4 4
41	1 1 1 10 2 2 2 3
42	1 1 9 5 1 1 2 4
43	2 2 6 10 2 1 8
44	3 4 6 4 1 1 4
45	5 3 8 1 1 6

Row	Clues
1	2 4 2 2 4
2	2 2 2 3 3 2 2
3	2 1 1 9 1 1
4	2 2 2 2 1 4 2 2
5	2 4 4 1 1 3 4
6	2 6 5 3
7	2 3 3 3 12 2
8	2 5 2 2 2 7 4
9	2 5 2 3 2 4 4
10	5 3 3 2 1 4 4
11	4 2 2 2 2 1 4 3 1
12	3 1 2 2 3 3 9 5 3 1
13	3 3 5 3 2 1 7 2
14	3 4 4 4 2 3 3 5 2
15	2 2 2 3 5 2 4 4 2 1 2 2
16	2 2 2 2 1 3 3 1 2 2 1 2 2
17	1 2 5 1 3 3 1 2 1 2 2 2
18	1 2 3 2 2 3 4 3 2 2
19	3 3 2 2 2 4 1 3 2 2
20	2 1 2 3 1 1 2 3 3 2
21	3 1 2 2 2 4 1 5 2 1
22	3 2 1 2 2 2 6 2 2 1
23	3 2 1 2 3 4 5 2 1
24	1 2 2 1 1 5 3 1 5 2 1
25	2 1 2 1 1 4 1 1 2 2 8
26	2 23 1 2 3 1 6
27	1 2 16 1 1 1 4 1 3
28	2 1 1 9 1 2 3 2 2
29	1 1 7 2 3 1 1
30	2 2 6 2 2
31	2 2 1 3 3 2
32	6 1 1 3 1 3
33	5 2 2 8 2 3
34	1 4 2 2 1 3 3 2
35	1 4 2 2 2 2 2 2
36	1 3 3 2 2 2 2 7
37	1 3 2 4 1 1 5
38	1 2 1 4 1 1 5 4
39	5 2 4 3 3 4
40	2 3 1 4 2 2 4 3
41	3 3 4 3 2 10
42	4 2 8 3 9 1
43	5 3 9 3 4 4 1
44	6 14 5 7 2
45	7 27 2 1

D120

난이도 ●●●●●●●

Column clues (left to right, top to bottom):

Column	Clues
1	6 2 3 28
2	4 1 2 1 2 2 3 11
3	1 2 1 4 3 8
4	1 2 1 1 1 5 1 11
5	4 1 2 2 2 3 3
6	6 2 2 2 2 1 1 2
7	1 1 1 4 3 1 1 1 1 2
8	7 1 1 1 4 1 1 1 2 3
9	9 2 1 1 2 1 1 1 1 4
10	1 2 2 2 2 3 3 1 1 6 1 3
11	1 2 2 2 1 2 7 8
12	4 2 3 5 2 1 13
13	7 1 2 4
14	1 3 3 4
15	1 4 2 1 3 1
16	1 9 3 3 3
17	1 2 2 3 6 4 3
18	5 8 4 2 3
19	2 11 3 1 5 2
20	1 3 1 5 3 4
21	2 1 2 1 20
22	4 3 2 8 2
23	2 1 3 2 9 1
24	1 1 3 2 1 1 4 2 1
25	1 2 6 2 1 2 12
26	1 1 1 2 1 2 3 3
27	1 1 2 1 2 1 2 2 1
28	1 1 2 1 2 1 4 2 1
29	1 1 3 2 1 2 6 1
30	1 1 3 2 8 1
31	2 1 2 8 1
32	1 2 2 3 11
33	2 1 4 11
34	2 7 3 2 1 6
35	3 2 4 4 2 4
36	14 5 3 4
37	1 9 3 3 2 3
38	7 9 4 3
39	9 3 1 1 4
40	1 2 1 1 1 1 1 1 3
41	1 2 1 1 1 1 1 5 4
42	4 1 1 1 5 7 3 10
43	7 3 1 8
44	1 1 7 5 7
45	1 1 1 2 5 16

Row clues (top to bottom):

Row	Clues
1	4 9 4
2	4 1 1 3 3 1 1
3	1 1 6 4 2 6
4	6 6 1 4 2 6
5	6 2 1 1 2 5 1 2 1
6	1 1 2 1 1 1 3 2 2 1
7	1 1 2 1 1 1 2 1 2 1
8	1 1 6 1 1 1 1 2 1
9	19 1 10
10	1 1 1 1 1
11	19 4 5 12
12	3 2 4 12 5 6 1
13	2 5 2 2 1 2 1 1 9
14	1 1 5 1 5 1 1 3 1
15	2 2 2 4 2 7 1
16	1 2 1 2 2 2 2 4 1 1
17	1 1 1 1 6 1 3 2 5 1 1
18	2 1 4 1 1 5 2 1 6 1 1
19	2 1 1 1 1 4 2 1 6 13
20	1 2 1 1 2 1 4 2
21	2 2 2 1 1 6 15
22	3 3 1 9 2 4 6 5
23	1 1 2 1 8 10 10
24	4 5 3 2 3 2 2 8
25	2 2 3 1 4 4 2 6
26	2 2 5 2 13 1 2 1
27	1 3 1 2 13 2 4
28	4 6 2 5 5 3 3
29	4 1 3 3 2 1 3 1 1
30	4 6 2 1 2 2 1 2 1 2
31	4 2 2 1 2 2 1 1 1 2
32	4 2 1 1 1 3 1 2 1 2
33	4 3 1 2 2 2 4 1 1 2
34	4 1 1 1 8 1 2 1 1
35	2 2 2 1 2 1 1 2 1 1 1
36	2 2 2 1 1 1 1 2 1 1 1
37	2 6 1 2 1 1 1 1 1 1
38	2 4 2 1 1 1 1 1 1 1
39	1 2 1 1 1 1 1 1 1
40	1 2 1 1 1 3 1 1
41	1 2 1 1 1 3 1 1
42	1 2 2 1 2 1 1
43	1 3 2 1 2 1 1
44	1 3 2 1 2 1 1
45	1 3 2 1 2 1 1

D121

난이도 ●●●●●●

13 4 6
3 3 7 1 8 5
1 2 1 8 3 2 3 4
10 3 2 3 1 1 1 4
4 2 3 1 1 2 1 1 2 6
4 2 3 3 1 2 1 1 1 7
4 2 13 1 8 2 2
4 2 6 9 3 4
2 7 3 5 6
12 4 1 3 3 11
4 1 3 1 3 2 5 4
4 10 1 3 1 1 3
4 2 9 3 5 1 3
3 2 1 1 1 2 3 2 2 4
1 2 2 1 1 1 2 2 3 2 4
2 2 2 1 5 3 7 2 4
1 3 6 1 4 3 1 1 2 6
4 7 5 5 2 2 8
4 2 1 6 6 1 3 14
5 2 4 4 4 2 12
4 3 7 6 1
3 5 1 3
4 4 1 2 4
3 8 2 1 4
5 10 1 1 7 1 2
3 13 2 5 2 1 2
2 4 7 1 2 6 5
2 1 4 4 2 4 1 1 2
2 1 4 2 4 1 1 6 3 1
1 1 5 2 2 3 1 5 1 3 1
5 3 1 7 2 4 10 3 1
1 1 2 3 2 1 2 1 1 1 3 1
4 3 4 2 3 2 3 10 3 1
6 3 1 3 2 2 3 1 1 1 2
6 1 4 1 2 4 2 7 5
7 1 4 2 7 5 1 1 2
7 5 8 2 1 1 2
9 5 8 2 1 4
10 13 2 1 1 1
8 10 3 2 1 2
2 3 6 5 1 2 1
1 4 3 2 3 2 1 1
3 1 3 3 1 3
3 6 3 4 2
2 3 2 4 11
4 5 16
6 3 11 2
4 2 1 1 8
5 1 4 8
9 2 10

2 6
4 1 6
5 1 6
5 9
3 1 3 1 6
5 1 4 12
5 1 4 3 3 2 5
5 1 3 4 2 1 2 3
1 2 1 1 6 1 1 1 3
1 1 1 4 1 2 1 2 3
1 1 1 3 1 2 3
1 1 5 5 1 4 4
1 6 2 4 1 6 2 2
4 1 1 2 4 1 1 2 2
2 5 4 1 1 12 1
1 10 3 1 1 14 2
21 2 6 6 1
9 1 1 3 1 1 4 2 2 1
2 3 1 1 3 1 2 2 1 2 2
1 6 1 1 2 1 2 1 2 2 1
4 14 1 2 5 2 2
2 2 1 1 3 2 2 4 1
2 1 6 4 1 4 6 7
2 1 6 5 6 6 6
2 15 7 8 5
2 11 2 7 15
3 7 1 7 6 2 1 2
1 2 2 6 2 6 6 1
1 1 2 5 2 5 4 1 3
1 1 7 3 2 5 7 1
1 1 3 3 3 6 3 7
2 1 2 7 6 6 2 1
8 4 1 1 4 4 3 4
4 3 1 1 2 1 11 4 2
1 7 6 2 1 1 2 1 1 4
9 1 2 2 1 1 2 1 1 5 1
3 4 3 1 1 1 2 1 2 6
6 2 2 3 1 1 3 1 1 5
1 1 5 5 1 1 1 1 1 1 5
6 3 2 2 1 1 1 1 1 1 6
2 5 2 2 1 1 1 1 1 1 6
1 10 3 1 1 1 1 1 1 6
4 3 4 13 6
2 5 4 4 3 4 2
1 5 1 7 9 3 4 1
2 3 1 5 4 5 4 6
3 2 2 8 2 1 5 1 4 3
3 2 10 7 5 3 2
3 3 10 19 5
3 3 8 4 8

D122

난이도 ●●●●●●●

Column clues (left to right, top to bottom):

Column	Clues
1	13 13
2	3 11 3 13
3	1 1 1 15 12
4	4 2 1 12 4 13
5	4 1 1 1 3 7 6 13
6	6 1 1 2 11 13
7	8 1 5 7 11
8	12 6 6 13
9	10 8 17
10	12 4 4 11
11	14 2 2 6 5
12	14 3 2 8
13	13 1 4 2 7
14	9 5 2 4 11
15	8 1 3 6 8
16	12 2 7 4 8
17	3 4 3 6 6 6
18	1 3 4 3 13 1
19	2 5 14 1
20	7 2 2 12 2
21	5 8 5 2 2 6 2
22	6 7 5 2 4 2 3 1
23	2 3 3 11 2 4 2 2 2
24	3 2 3 7 2 2 2 1 2 2
25	2 6 2 1 2 2 2 2
26	2 3 3 2 3 3 2 1
27	1 3 1 3 1 5 2 2 1
28	1 2 2 3 1 2 3 2 2 1
29	4 2 3 1 4 4 2 2 1
30	4 3 1 2 1 2 12 2 1
31	3 3 2 4 1 4 4 2 2 2
32	3 3 7 2 3 4 2 2
33	2 3 2 7 2 4 5 1 1
34	3 5 3 2 2 2 4 7 2 1
35	3 2 2 3 1 12 2 1
36	5 4 1 3 9 2 1
37	1 3 1 1 2 7 2 2
38	3 4 3 4 6 5
39	10 2 4 10 4
40	6 5 2 12 2
41	13 3 10
42	17 2 3 2 2 2
43	17 3 3 2 1 4
44	18 5 1 1 7
45	18 3 1 1 2 5
46	16 3 1 2 6
47	15 2 6 2 1 4
48	15 3 11 1 3
49	18 13 2
50	15 15

Row clues (top to bottom):

Row	Clues
1	1 8 3 2 2
2	1 8 3 10 2 3
3	1 9 3 4 6 2 3
4	12 2 3 6 2 2 3
5	2 7 2 2 6 3 2 4
6	2 9 2 7 2 2 4
7	1 2 6 2 6 1 2 6
8	1 9 2 3 1 1 2 7
9	1 2 6 2 3 1 3 3 2 7
10	1 9 2 1 3 4 3 2 8
11	1 1 5 2 5 2 2 2 1 2 8
12	1 4 5 3 5 2 3 9
13	2 4 4 6 1 3 9
14	1 2 1 4 7 2 2 9
15	1 1 1 3 6 4 1 10
16	1 1 2 3 6 2 2 10
17	3 1 2 4 2 1 10
18	4 2 2 2 2 4 2 2 7
19	4 2 2 2 3 7 2 6
20	4 3 1 2 3 6 2 5
21	4 4 3 3 3 2 4
22	5 4 10 4 3 3
23	5 2 3 9 4 3 2
24	4 1 2 1 1 4 2 4 2 2
25	1 1 3 1 2 7 2 4 2
26	1 2 1 2 3 2 6 3
27	2 3 2 1 11 1 2 2
28	6 7 8 3 2 2
29	7 7 2 2 1 1 2 2 1 1
30	6 1 3 4 1 1 1 1 4 2
31	6 1 3 4 3 3 4 1
32	4 2 4 2 1 2 4 2 2 1
33	1 8 2 5 2 4 3
34	2 6 7 3 3 7 3
35	1 1 2 6 3 8 1 4
36	1 1 7 1 6 6
37	1 1 6 1 7 5
38	2 3 2 1 5 1 17
39	6 2 2 5 1 10 4
40	10 2 5 1 9 6
41	10 2 5 1 6 6 3
42	10 2 5 1 5 4 6
43	10 23 3 7
44	10 24 2 1 2
45	10 9 2 5 5
46	11 6 3 2 6 1
47	11 5 9 2 5
48	11 4 7 6 6
49	11 3 6 2 4 6
50	11 3 4 9 3 5

D123

난이도 ●●●●●●●●

Column clues (top to bottom, columns left to right)

Column	Clues
1	3 12 3
2	4 14 3
3	1 3 7 6 4
4	1 3 5 4 5
5	1 1 2 3 5 5
6	3 6 5 5 6 5
7	2 1 3 1 2 1 3 7 3 5
8	2 1 3 3 1 3 4 6 5 5
9	2 1 2 4 3 5 10 4
10	2 1 2 1 2 2 5 3 3 4
11	1 2 1 5 1 4 4 4
12	2 1 1 2 2 8 4 4
13	1 1 1 1 3 2 3 1 3 4
14	1 1 1 1 3 4 1 4 4
15	2 2 1 3 2 1 1 3 3
16	1 5 2 3 1 4 2 3
17	2 1 3 3 1 2 1 3 3
18	1 4 3 2 2 1 4 3
19	2 2 3 3 2 2 2 6 2
20	2 2 2 3 5 1 2 2
21	1 4 3 4 1 6 1 4 2 2
22	2 3 2 3 1 3 1 2 2 2 1 2
23	2 7 1 2 3 1 2 2 2 2 2
24	2 5 3 1 8 2 2 1 1
25	14 2 4 1 2 2 1
26	6 5 4 5 1 4 2 1
27	6 6 4 2 5 3 2
28	3 5 5 3 14 2
29	3 6 4 1 1 11 3
30	2 8 6 1 1 2 7 3
31	1 13 8 2 2 4 2 3
32	2 3 1 5 3 5 1 2 2 1 1 1
33	1 4 3 3 2 4 1 2 1 1 1
34	1 4 2 1 2 4 3 3 7
35	1 4 1 3 1 5 4 2 2 4
36	1 4 1 1 2 4 4 2 2 2
37	1 9 2 4 3 1 4
38	2 7 4 1 2 3 2 4 1
39	2 7 1 3 2 9 5 1
40	1 1 3 5 1 2 6 4 1
41	2 2 2 3 1 3 7 4 5 2
42	3 2 1 3 3 5 3 5 2
43	3 4 3 3 3 1 6 2
44	4 3 1 7 2 2 7 3
45	5 2 4 2 3 6 1 2
46	11 7 11 2 2
47	12 3 1 8 2 2 1
48	14 3 5 3 5
49	21 3 5
50	22 8

Row clues (left to right, rows top to bottom)

Row	Clues
1	10 4 11
2	2 7 2 2 7 10
3	6 4 1 2 3 2 9
4	3 5 3 4 2 2 5 3 7
5	4 4 6 2 2 8 3 6
6	4 9 10 3 5
7	3 5 6 12 2 5
8	3 4 3 6 3 8 5
9	1 18 5 6
10	2 10 1 9 1 5 7
11	3 2 1 1 1 5 2 7 5
12	1 2 2 5 4 7 4
13	3 2 3 6 1 1 5 3
14	1 3 2 4 6 4 3 3
15	7 2 5 3 3 3 2
16	3 4 3 4 3 6 2 2 2
17	2 1 7 3 2 2 2 7 2 2
18	2 2 3 3 5 2 1 4 2 2
19	2 2 3 7 1 2 2 3
20	2 2 1 6 5 2 4
21	2 3 6 1 3 7 2 3
22	4 2 7 1 5 5 1
23	2 2 3 2 2 8 3
24	3 1 9 9 2
25	4 7 5 5 1 2
26	1 3 8 2 1 2
27	1 3 5 3 3 3
28	3 1 4 3 6
29	6 2 9
30	6 2 9
31	9 2 6 6
32	4 5 1 4 4 2
33	7 1 3 3 2
34	12 1 2 4 2 3
35	14 2 2 4 2 2
36	3 9 3 2 4 4 3
37	3 4 9 6 3 3
38	3 4 6 6 3
39	2 2 1 2 6 5
40	3 1 3 2 6 7
41	4 5 3 5 1 4 2
42	4 5 3 4 2 4 1 1
43	4 3 6 2 6 1 1
44	4 1 6 1 7 2 1
45	3 2 4 7 2 2
46	1 5 2 10 3
47	12 2 7 4
48	18 12 6
49	24 5 4 6 2
50	23 3 5 7 2

D124

난이도 ●●●●●●●●

Column	Clues (top to bottom)
1	2 1 1 20 9 2 3 2
2	2 1 1 8 3 15 2 3 2
3	2 1 1 7 16 2 2 2
4	2 1 1 15 7 3
5	1 2 1 2 16 3 1 2 2 2
6	1 1 1 4 2 4 6 3 1 2 1 2 1 3
7	1 1 1 5 12 6 2 1 2 3 1
8	1 1 1 20 5 1 1 3 2 2
9	2 1 22 4 1 1 3 2 3
10	1 1 11 10 4 6 1 1 1
11	1 1 8 2 4 4 1 3 2 1 1 2
12	2 1 5 6 12 5 1 2
13	1 1 3 3 2 3 8 4 6 1
14	1 1 1 4 5 2 2 4 9 1 1
15	1 2 6 2 1 3 4 1 3 1 1
16	2 4 1 9 2 1 1 1
17	1 6 14 1 5 1 3
18	3 2 1 1 5 1 5 6 3
19	2 3 2 3 6 7
20	5 2 3 3 4 2
21	2 3 3 2 3 1
22	5 3 2 1 2 2 2
23	3 6 5 2 2 1 5 2
24	3 3 1 2 4 10 1
25	2 2 2 5 1 2 2 1 2 7 3
26	6 2 7 2 2 3 2 3 4
27	3 2 1 3 2 2 2 4 4 5
28	1 1 1 4 4 2 4 4 6
29	1 1 2 3 4 4 2 4 2
30	4 2 2 2 1 2 1 1 4 2
31	1 1 3 3 1 2 2 5 1
32	2 2 3 2 3 1 4 1
33	1 4 1 1 4 5 2 3 2
34	1 3 1 2 1 8 1 2 1
35	2 2 2 2 3 1 2 1 2 2
36	2 1 3 2 1 4 3 5
37	2 4 4 7 2 7
38	3 3 13 1 11
39	1 2 4 6 8 12
40	1 3 1 8 3 13
41	1 4 3 2 4 15
42	2 5 1 4 1 5 17
43	1 1 6 1 4 5 12 3
44	1 1 3 2 8 4 9 2 3
45	6 9 3 4 8 2 4
46	1 9 3 3 5 2 1 4
47	1 9 2 2 5 2 2 4
48	6 4 11 3 1 2 1 1
49	5 5 2 8 3 1 1
50	7 9 3

Row	Clues (left to right)
1	8 6 10 4 5
2	4 4 1 9 3 8 1 2
3	5 3 4 3 5 2 2 4 3
4	5 3 1 2 1 1 1 2 4 4 1 3
5	4 2 3 1 2 5 4 7 3
6	5 4 2 2 5 2 3 2 6 3
7	8 4 4 2 4 4 2
8	12 11 3 1 7 2 2 1
9	3 8 2 2 2 2 2 2 4 9
10	3 7 2 3 3 2 5 1 8
11	3 1 5 5 5 4 4 6
12	3 2 4 1 1 1 2 2 2 1 2 3
13	3 2 4 2 2 5 6 2 2
14	3 1 4 4 2 1 4 1 3 1 1
15	2 6 1 4 4 4 3 1 3 2
16	1 6 3 7 7 2 6 3 2
17	1 6 6 4 5 8 3 1 1
18	9 2 2 2 1 2 3 1 5 2 3
19	5 3 3 4 1 2 6 3 4
20	9 7 1 2 8 8
21	1 8 6 1 2 2 5 3 3
22	12 3 5 2 6 6
23	19 1 2 2 3 4
24	16 2 7 1 2 5 3
25	13 1 1 5 2 1 5 2
26	5 3 4 2 2 1 6
27	4 2 6 2 2 7 7
28	3 2 10 8 3 2 4
29	4 3 5 2 9 2 5
30	4 2 4 3 1 2 2 3 1
31	4 3 1 11 2 3
32	3 9 5 2 2 4
33	3 1 3 2 2 3 3 4
34	2 3 2 2 2 2 6 4
35	2 1 2 2 2 2 2 2 2 5 3
36	2 1 3 1 1 1 2 1 1 7
37	1 2 2 1 1 2 3 2 7
38	3 5 1 2 5 1 6
39	5 1 2 2 3 1 2 7 1
40	1 7 3 2 2 4 6 2
41	2 5 4 2 2 2 6 3
42	5 18 2 9
43	2 4 3 3 5 1 8
44	1 2 3 4 1 4 7
45	2 8 1 5 7
46	2 2 2 1 5 7 1
47	1 7 1 2 10 4
48	2 2 3 13
49	4 1 2 10
50	7 3 7

해답

NemoNemo Logic Vol. 39

PART A

1 단풍잎

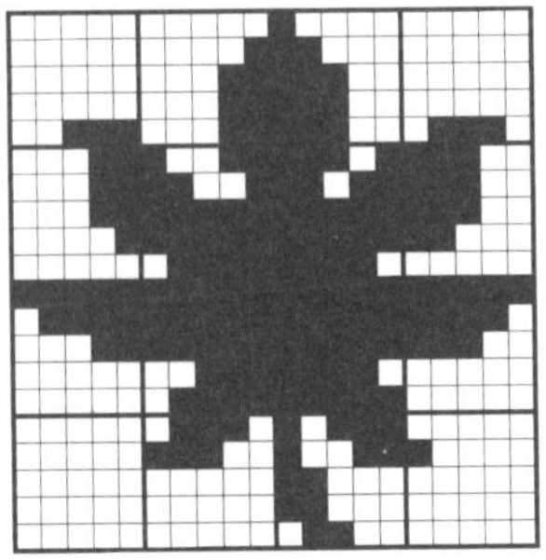

2 컵

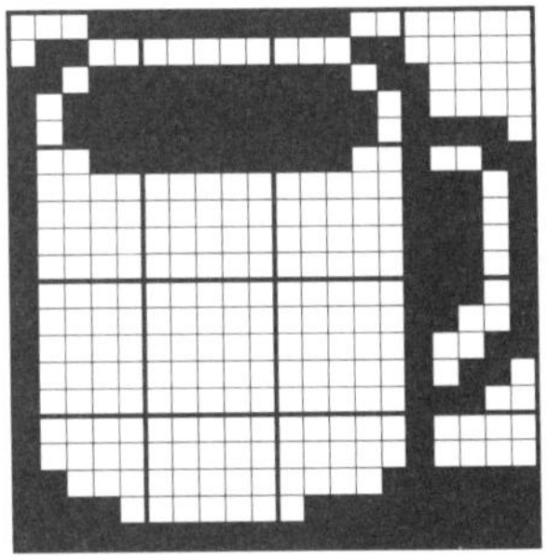

3 당근

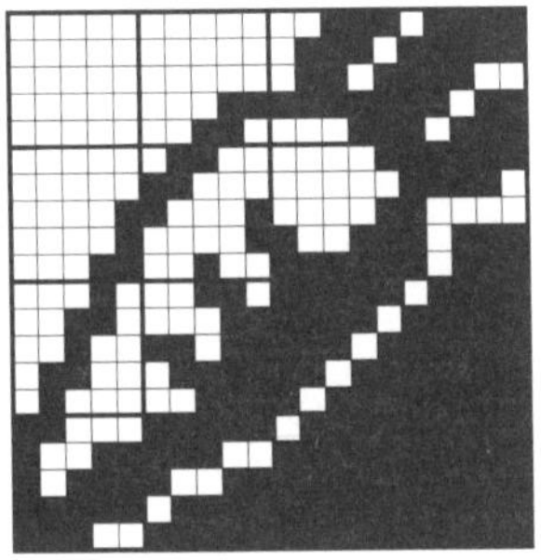

4 립스틱

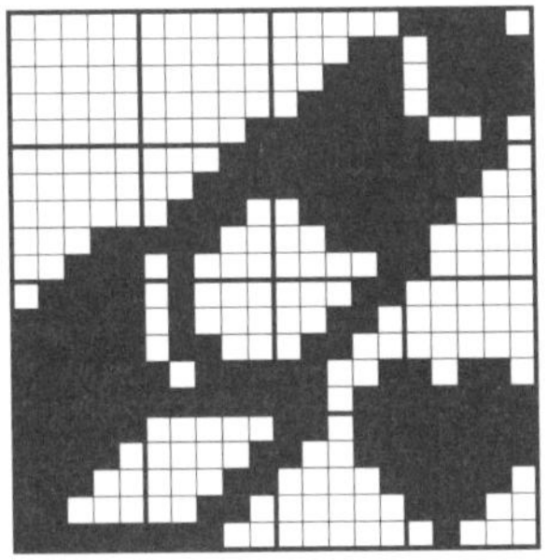

5 도넛

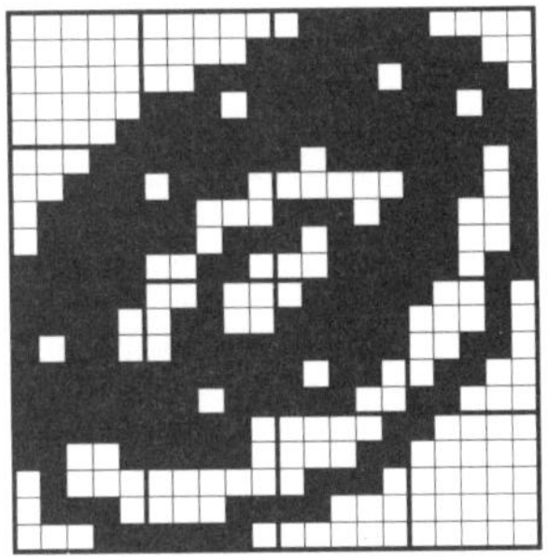

6 구름

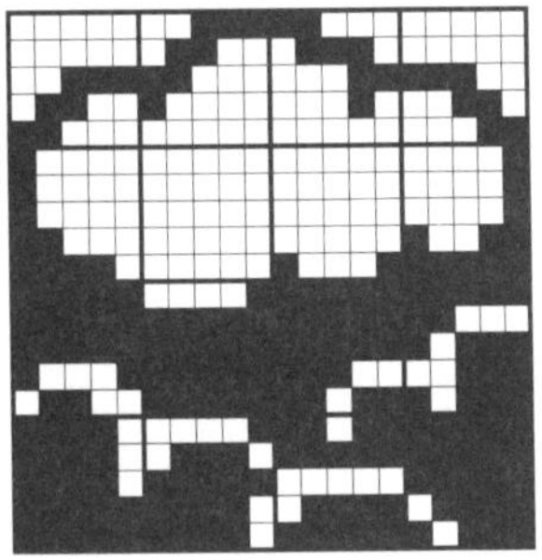

7 오리

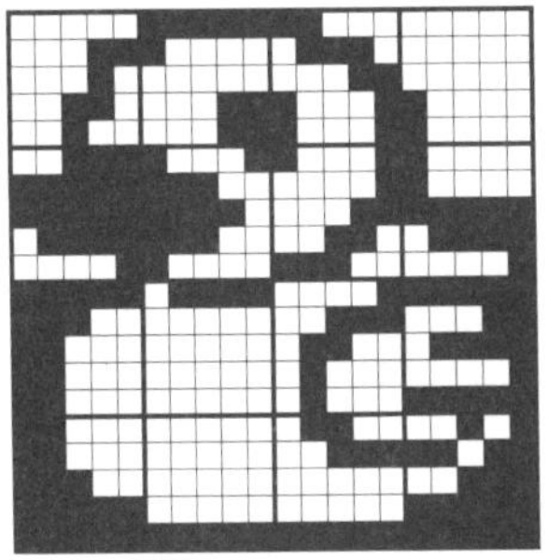

8 복숭아

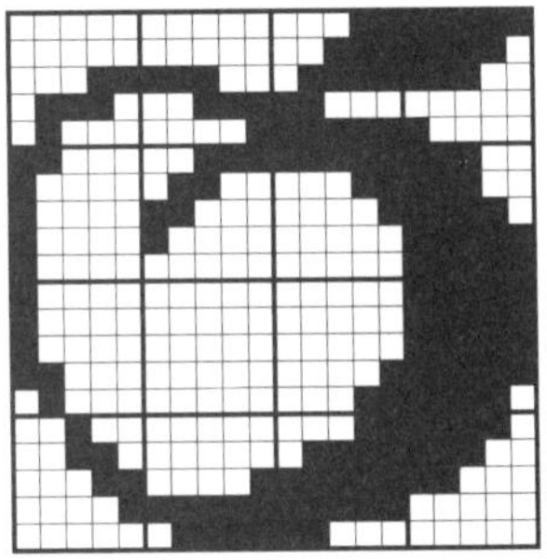

9 만두

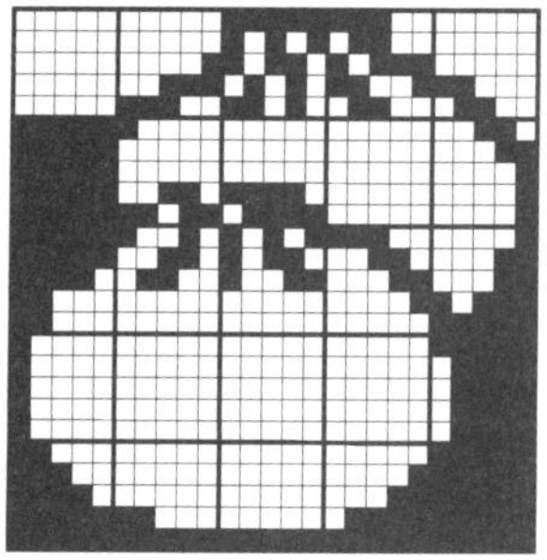

10 사신

11 의자 위 고양이

12 치즈

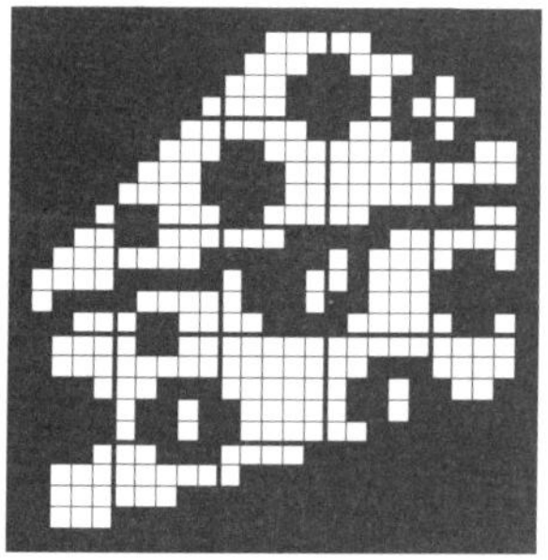

13 사탕 먹기

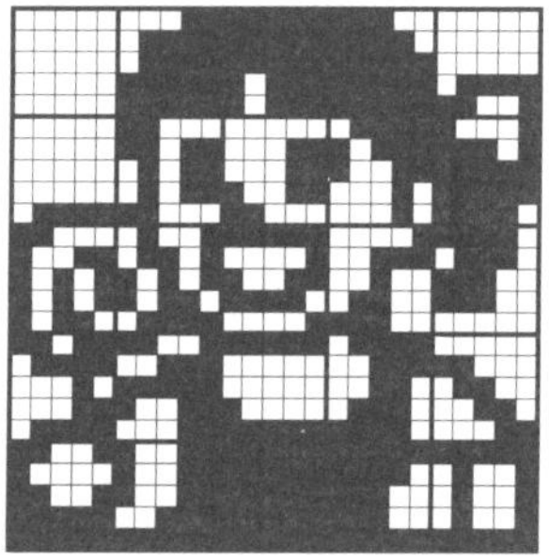

14 휘핑 크림

15 개

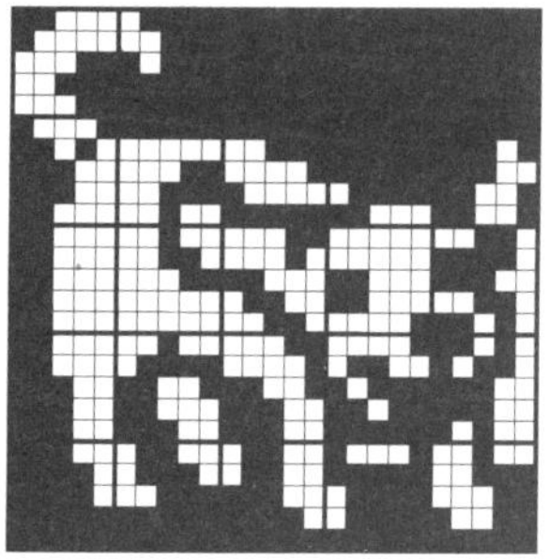

16 우유

17 파이프

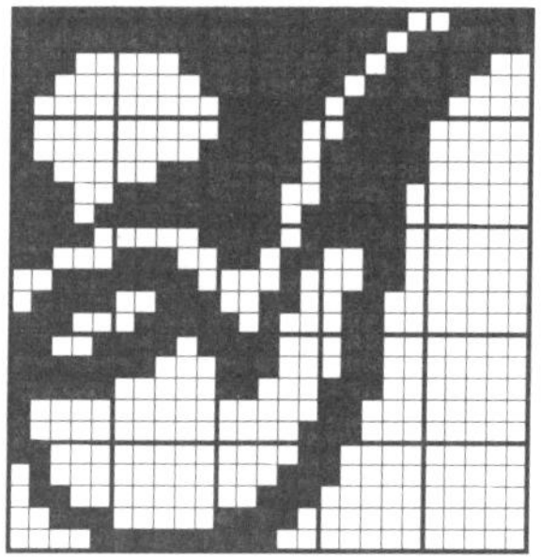

18 일력

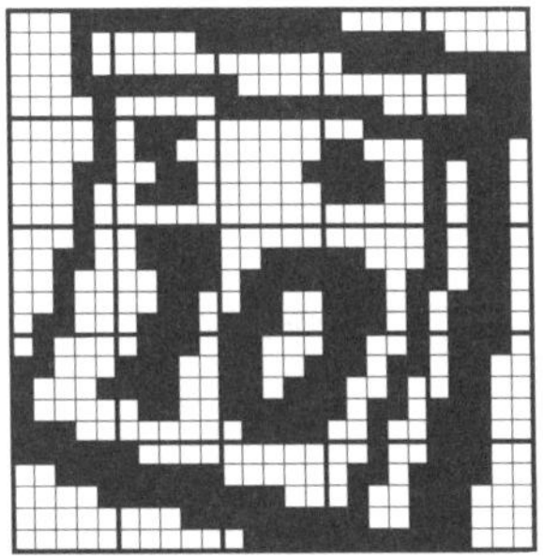

19 종

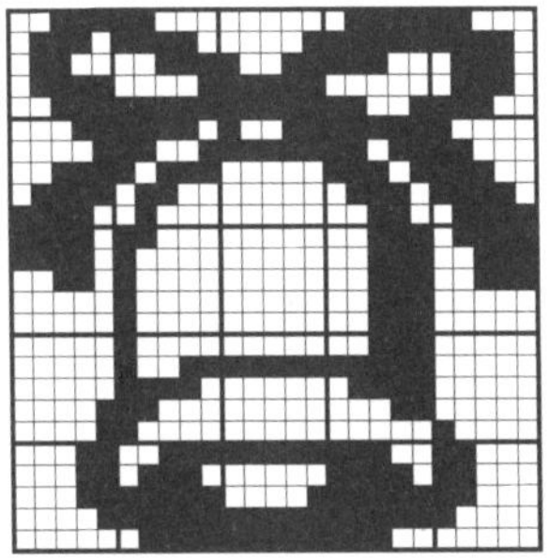

20 어항

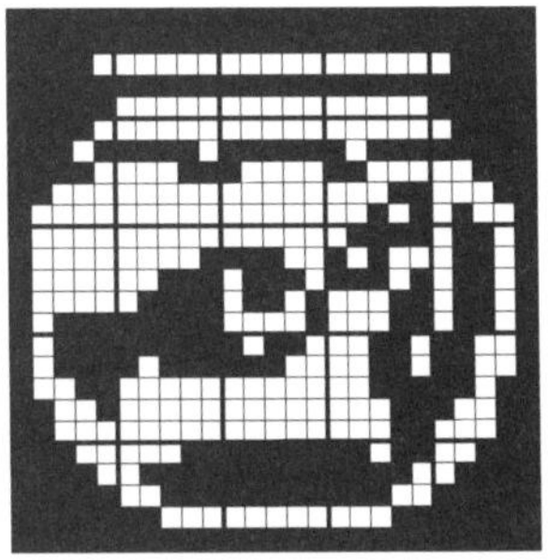

21 꽃병

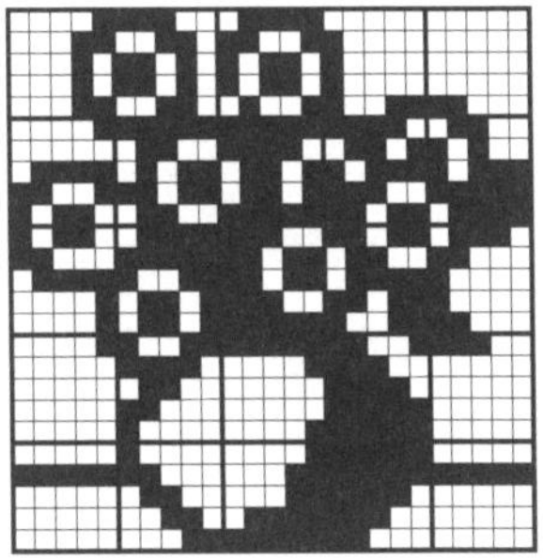

22 전구

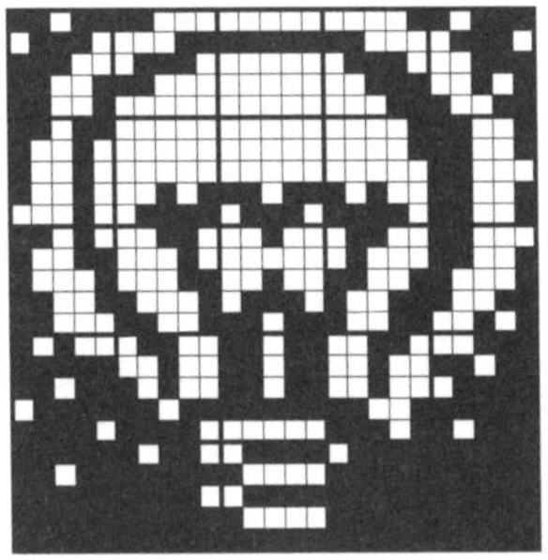

23 도토리

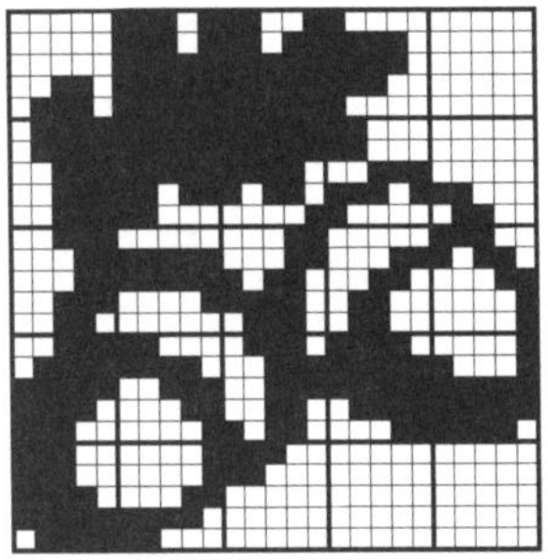

24 달리기

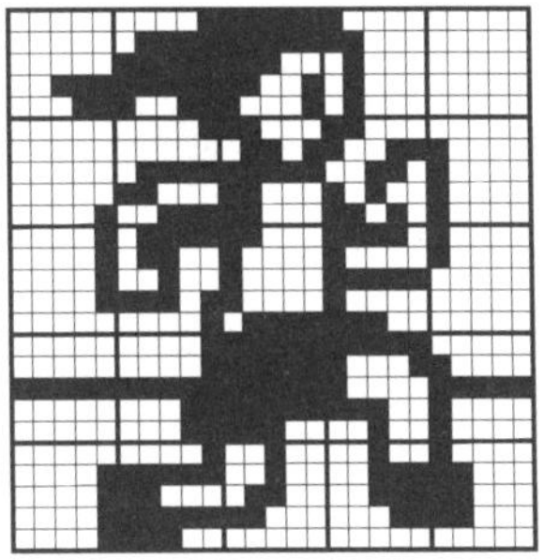

25 앵무새

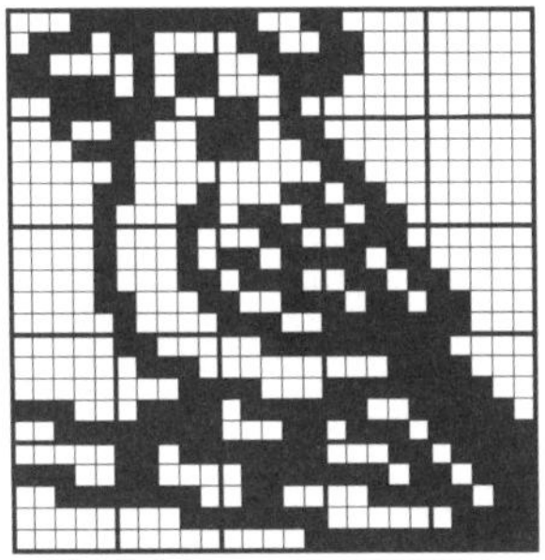

26 램프

27 장화

28 옷핀

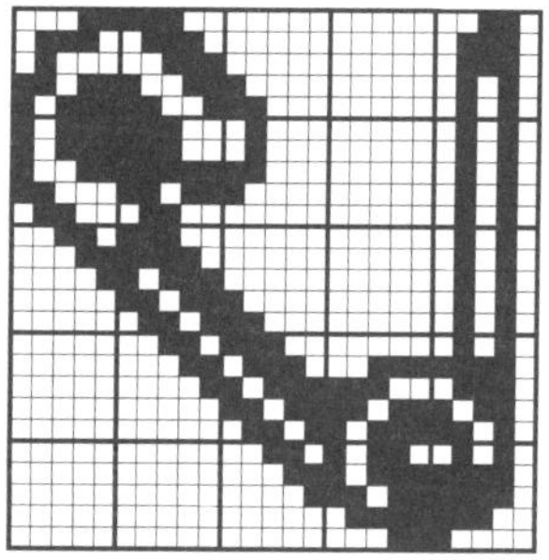

29 금괴

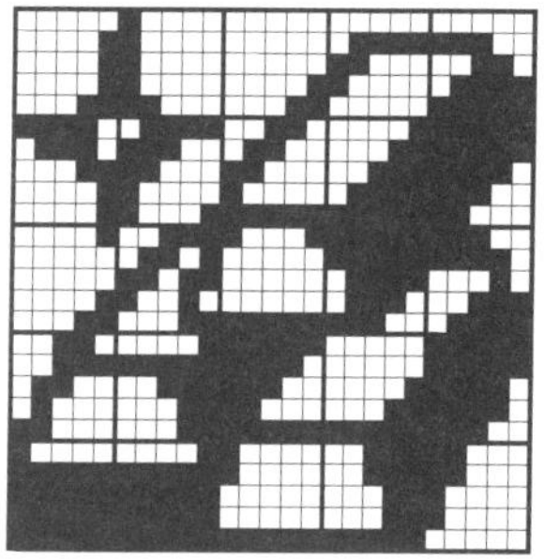

30 레몬

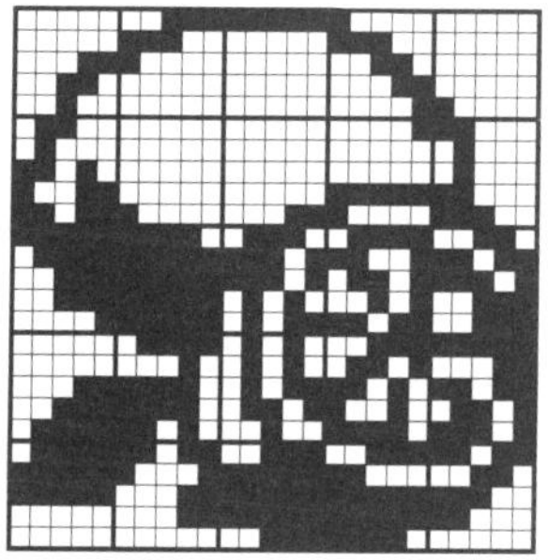

31 바나나

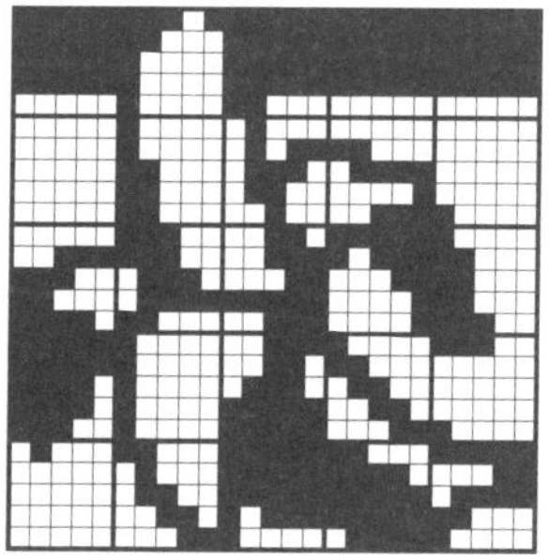

32 자석

33 눈물

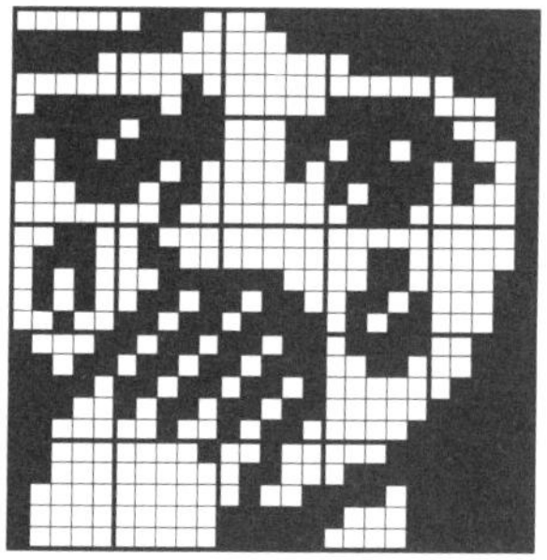

PART 8

34 고민

35 청진기

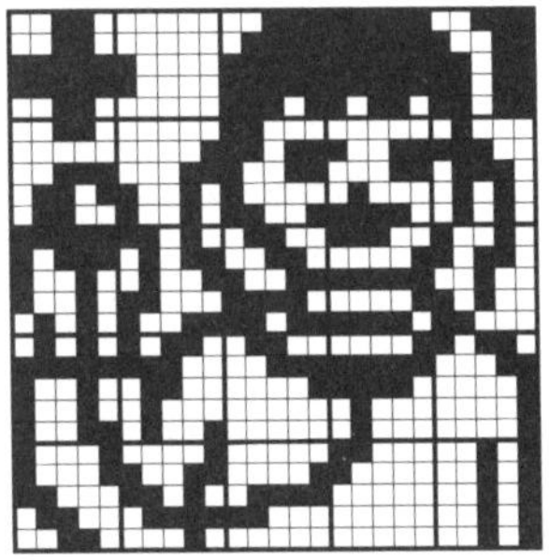

36 도둑

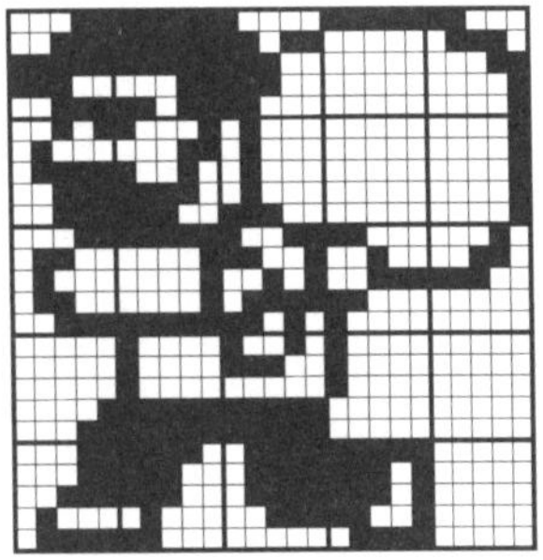

37 거북이

38 사막여우

39 고릴라 인형

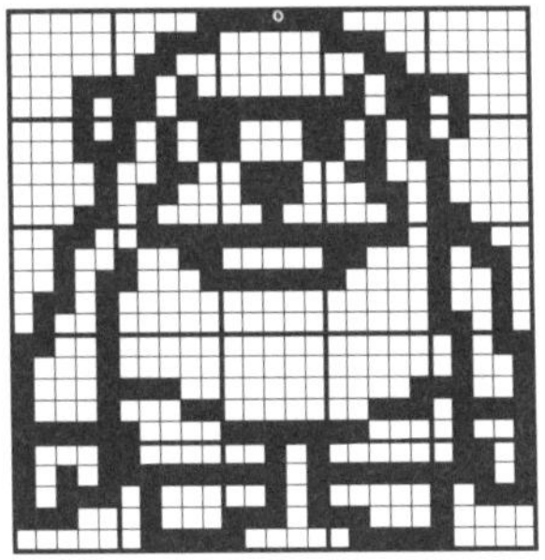

40 토끼

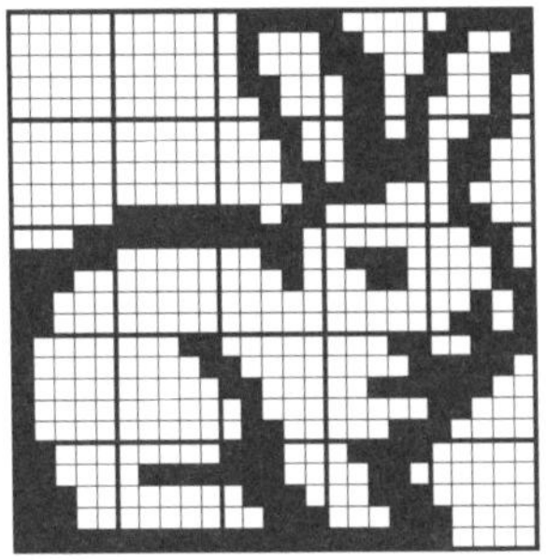

41 스카프

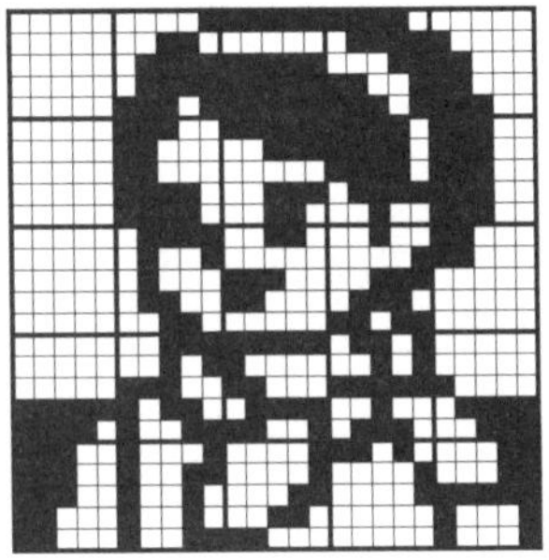

42 공주

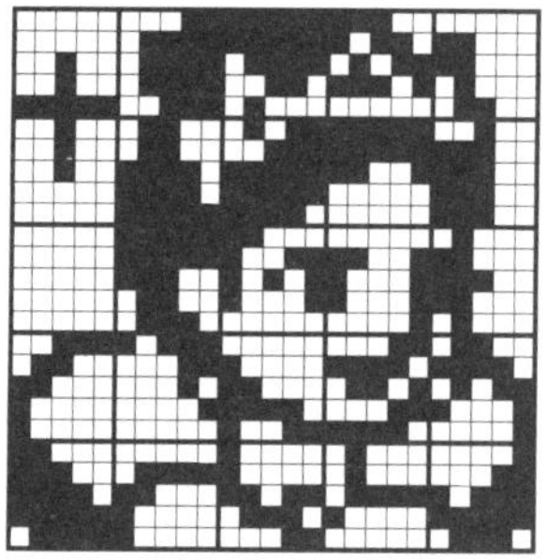

43 돼지

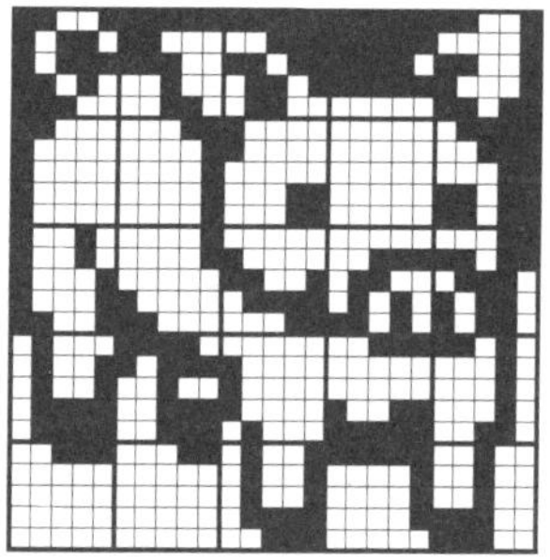

44 가방

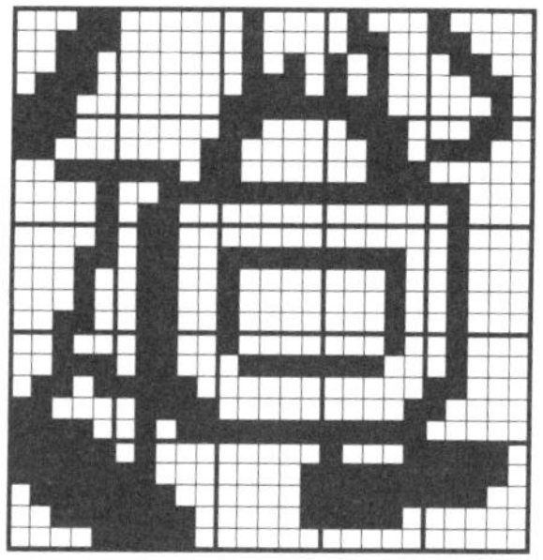

45 노인

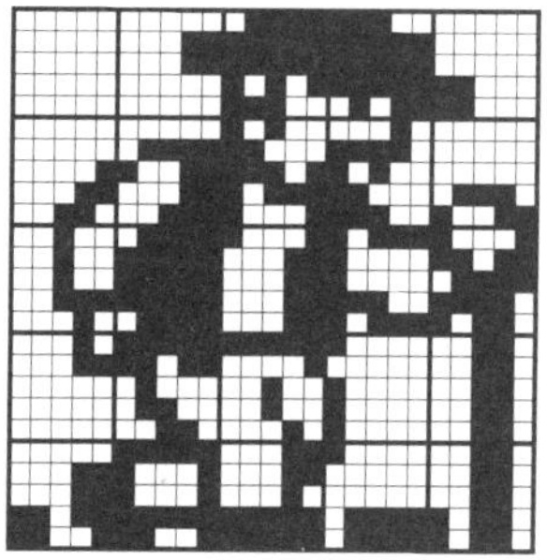

46 물뿌리개

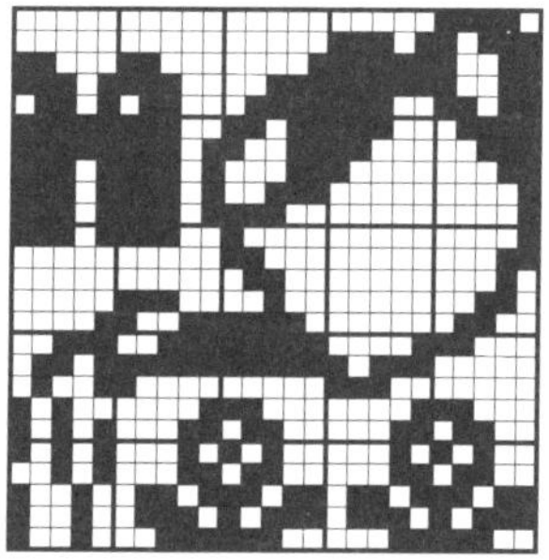

47 핫도그

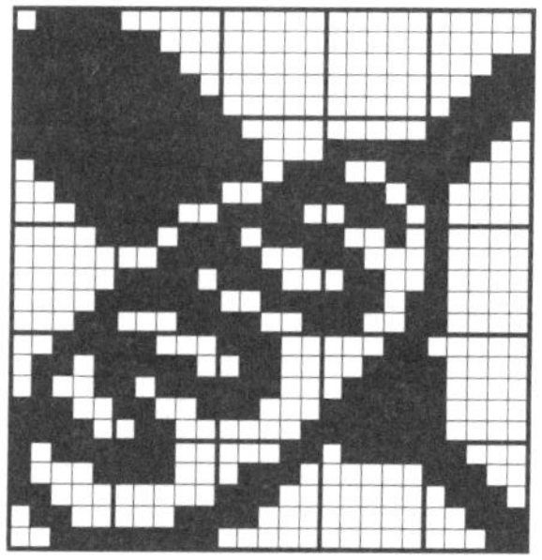

48 선풍기

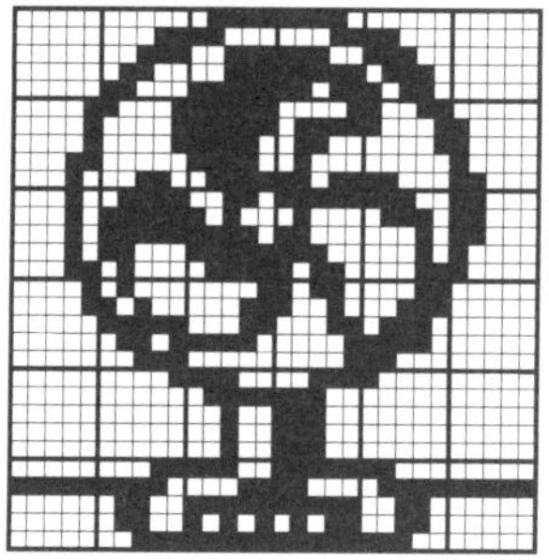

49 다도

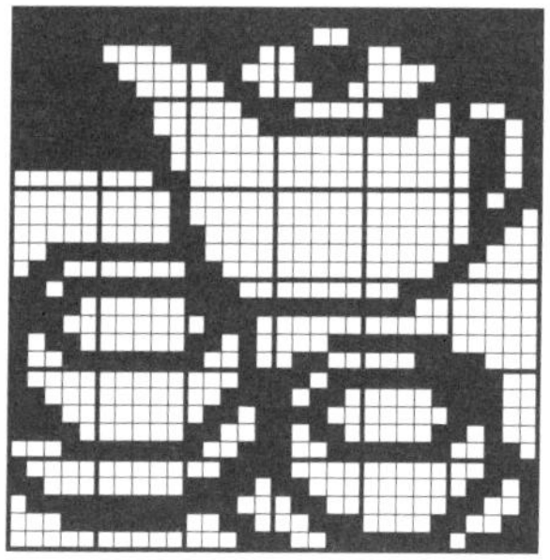

50 곰돌이 옷

51 엘프

52 꿀벌

53 미니 케이크

54 마녀

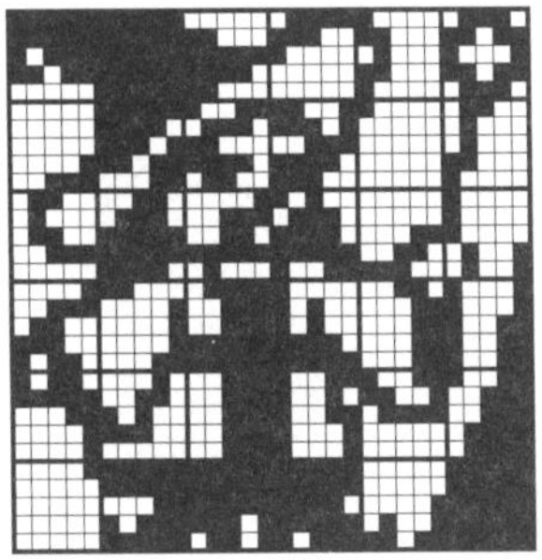

55 생일

56 선비

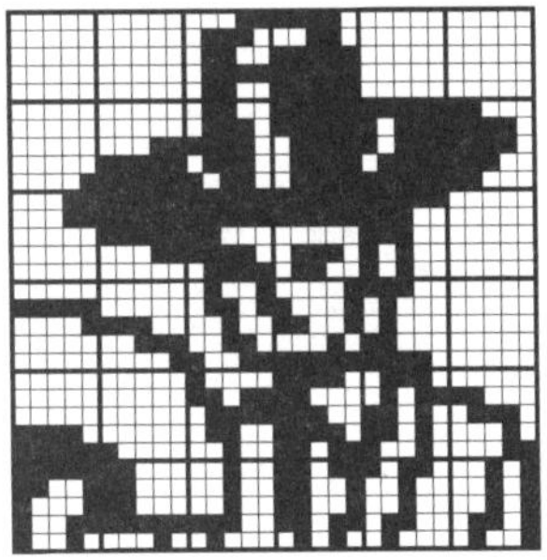

57 악어

58 토스터

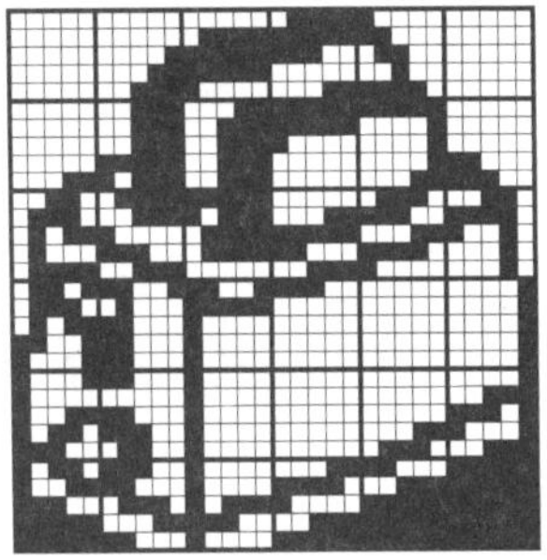

59 드라큘라

60 복싱

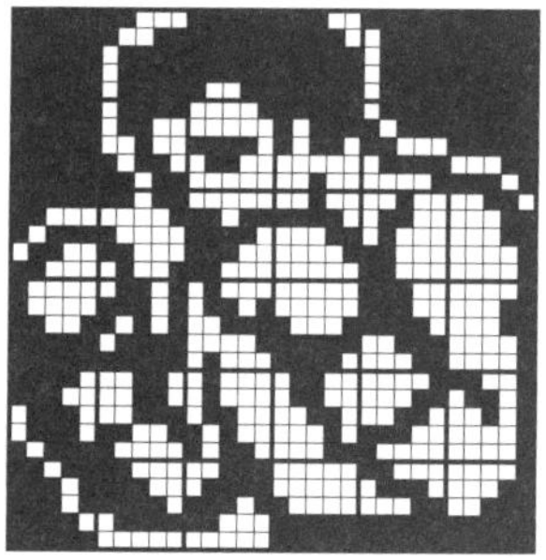

61 스탠드

62 연인

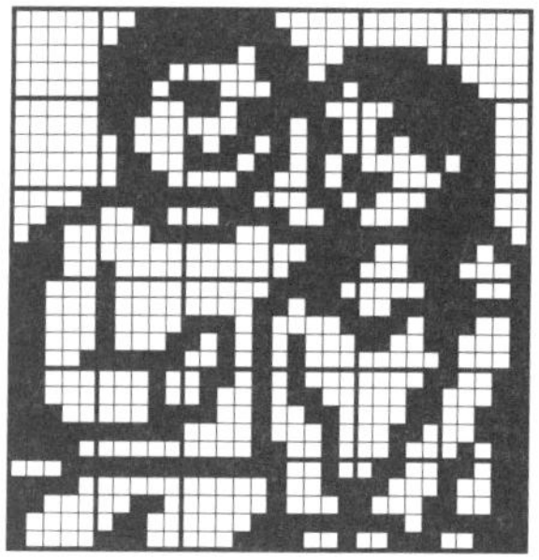

63 모카포트

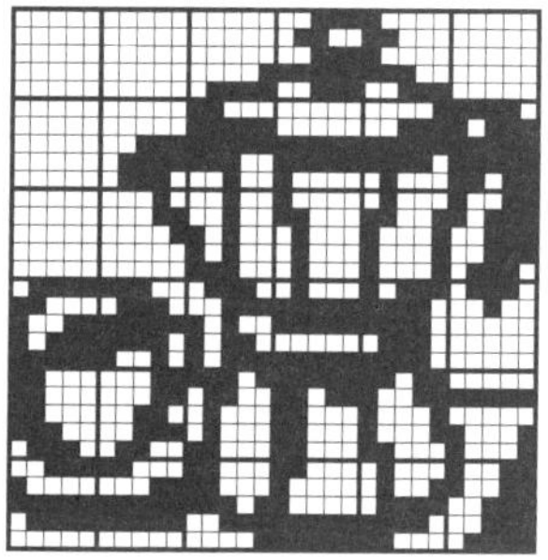

64 기타

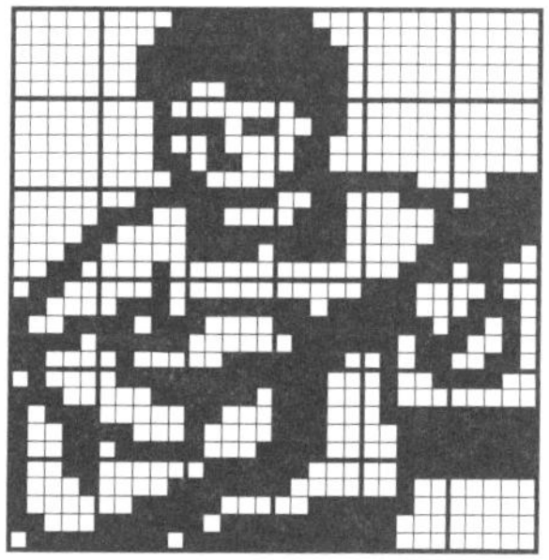

65 핸드폰

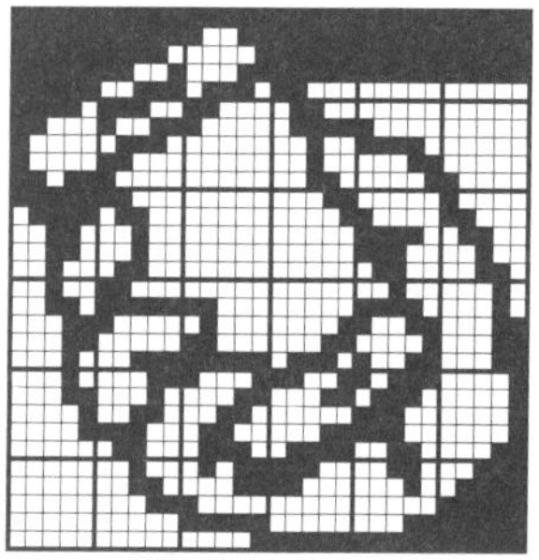

66 햄스터

67 헤드폰

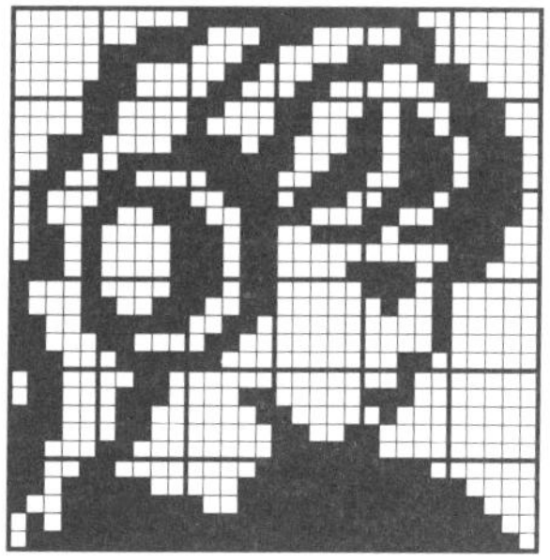

68 안경

해 답

69 보물 상자

70 피리 불기

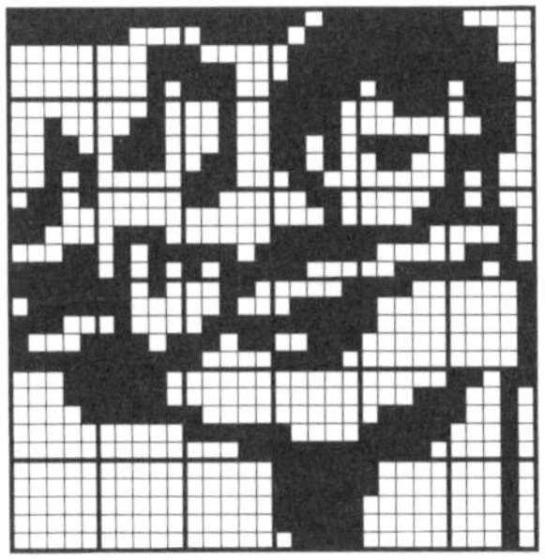

71 안대

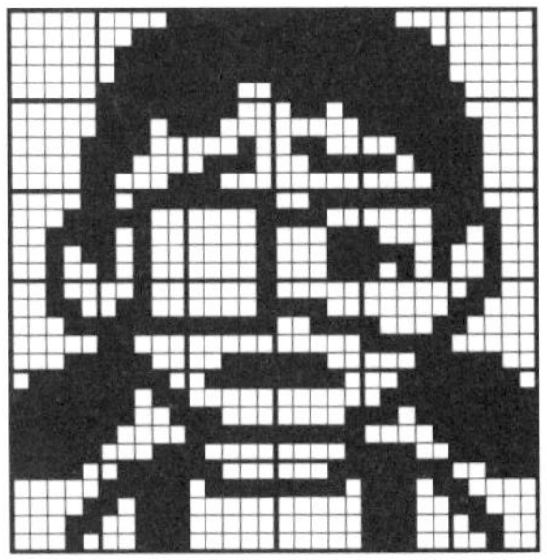

72 낙하산

PART C

73 윗몸 일으키기

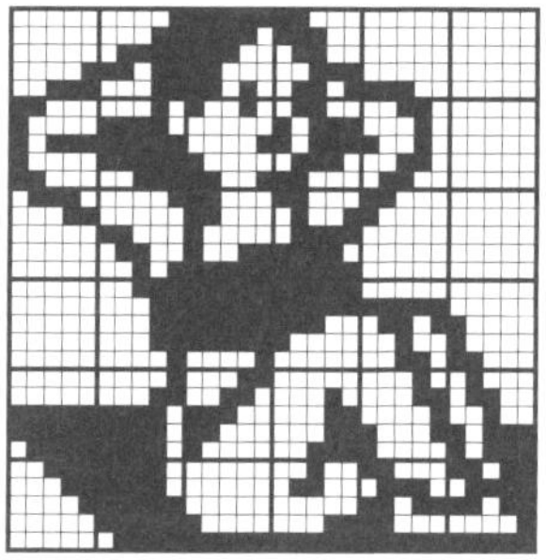

74 계단 오르기

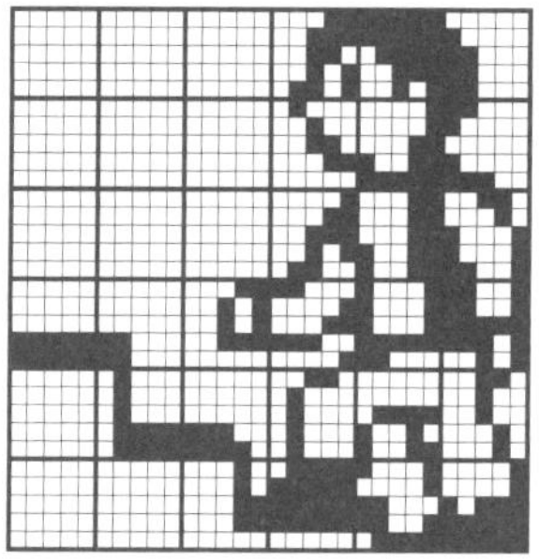

75 스머프

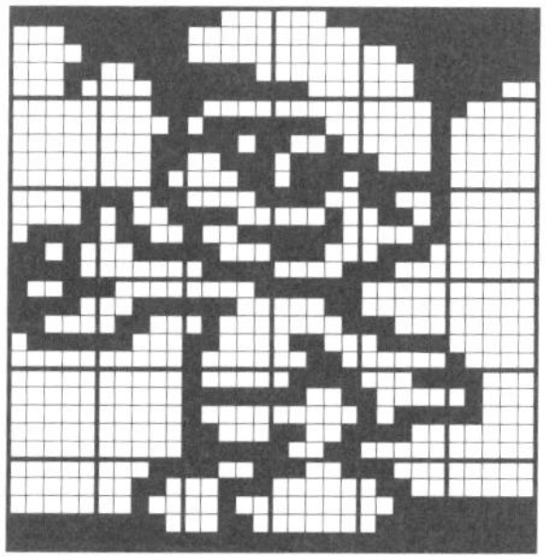

76 소형차

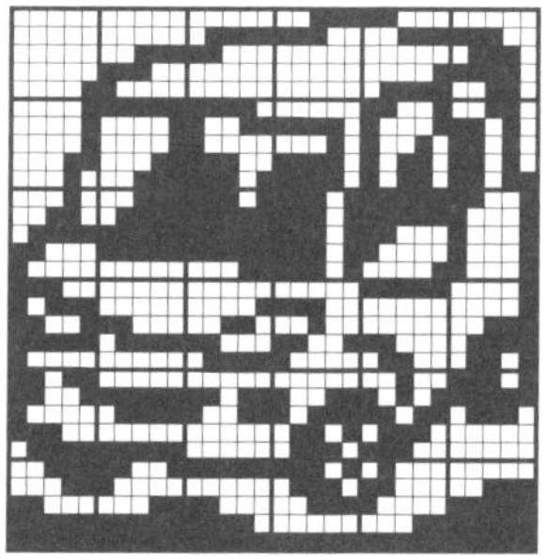

77 포세이돈

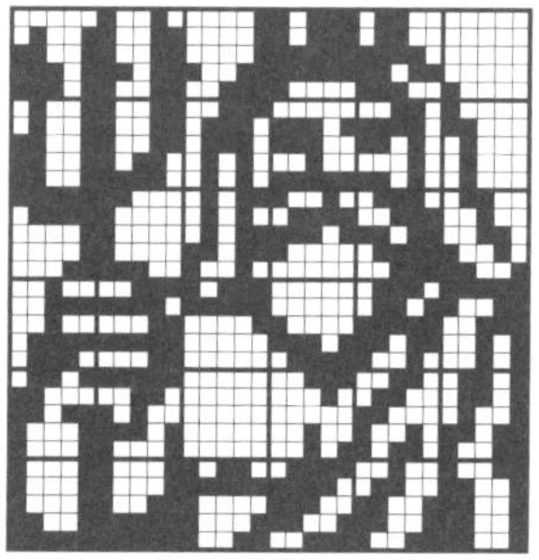

78 꽃과 소녀

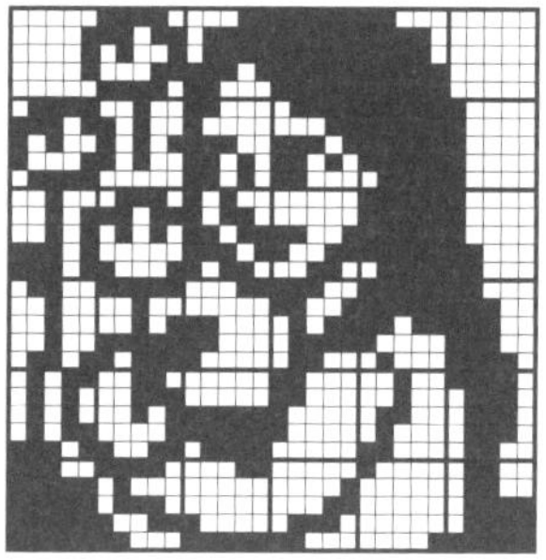

79 선물

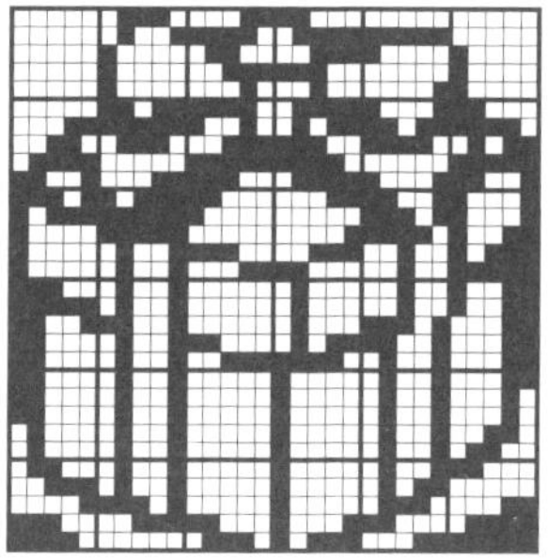

80 피노키오

해 답

81 칵테일

82 일

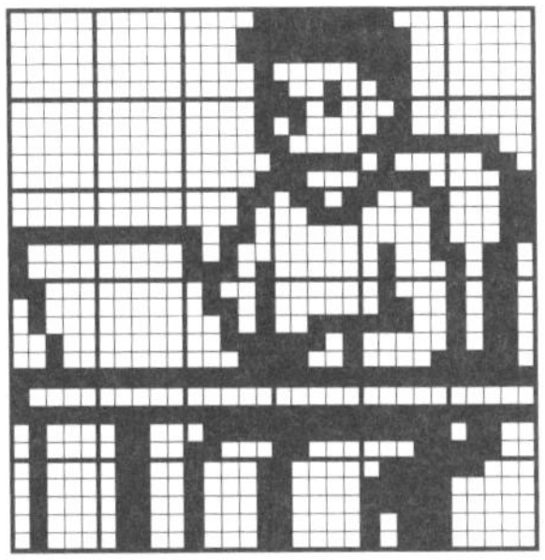

83 수박

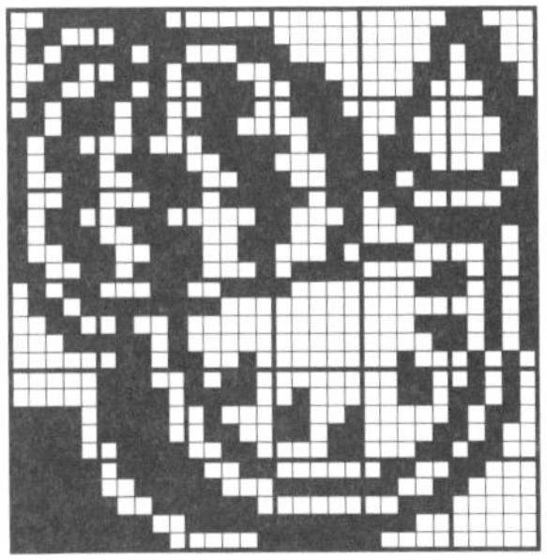

84 아이와 고양이

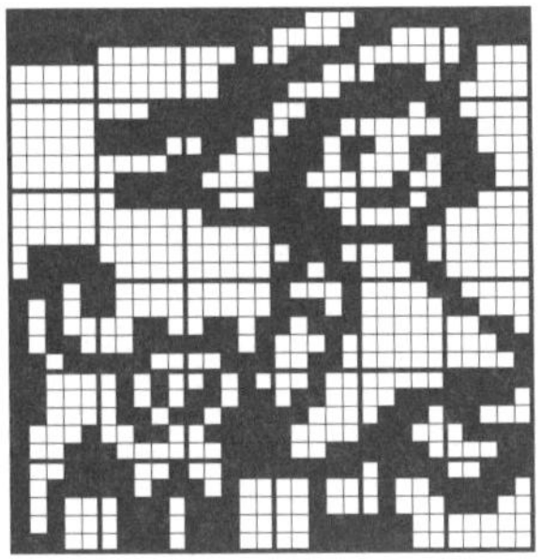

85 화분

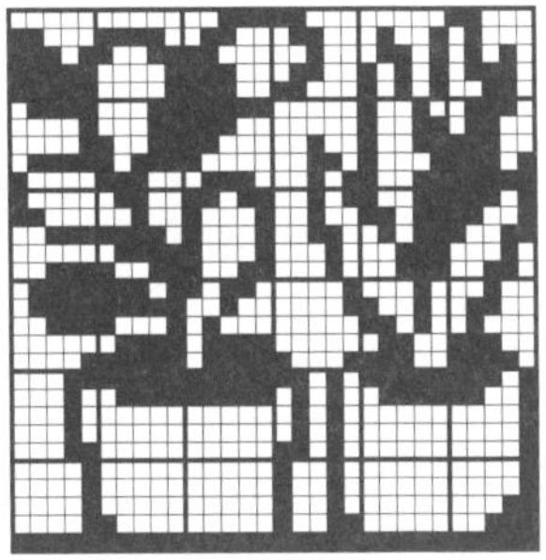

86 그랜드 피아노

87 열창

88 인어

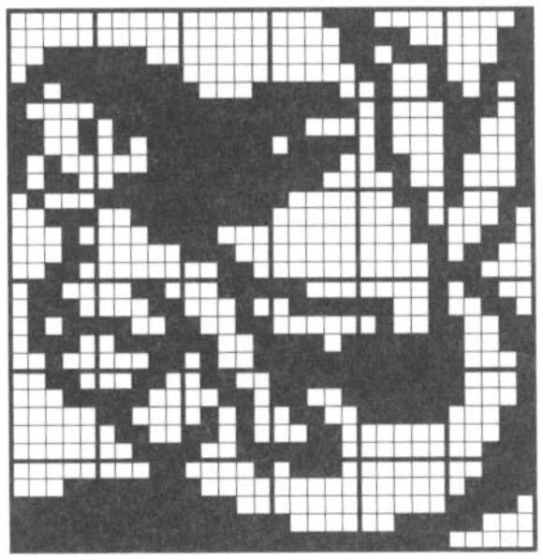

89 선글라스

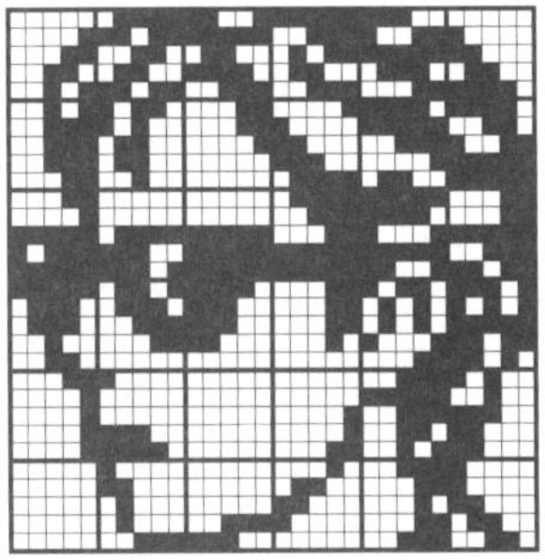

90 졸업

91 바나나 먹기

92 해먹

93 바람

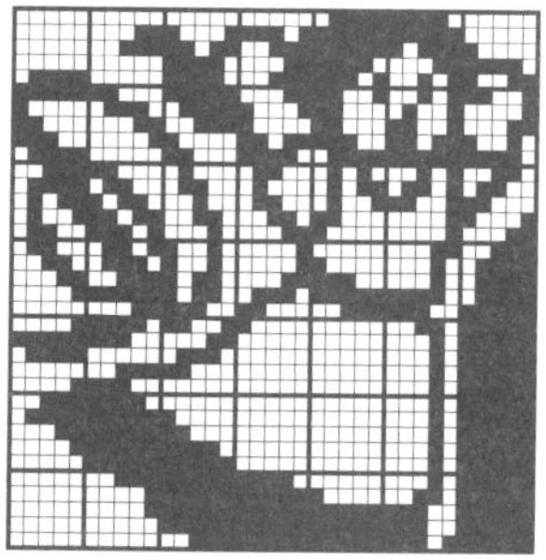

94 만화가

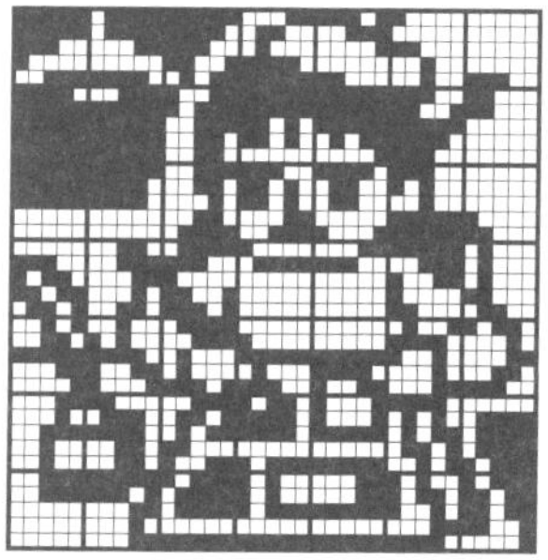

95 마차

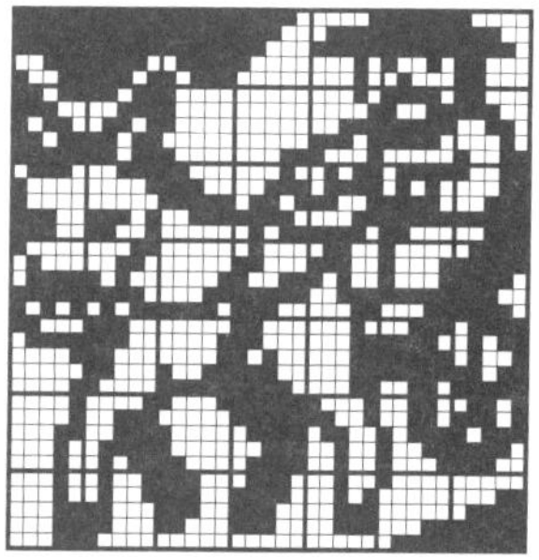

96 먹방

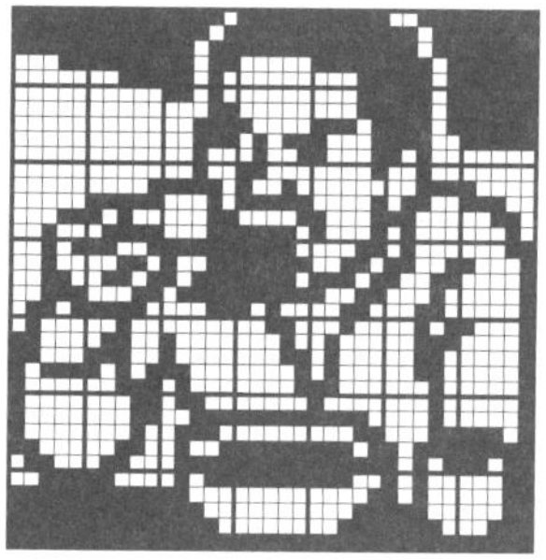

97 강아지와 낮잠

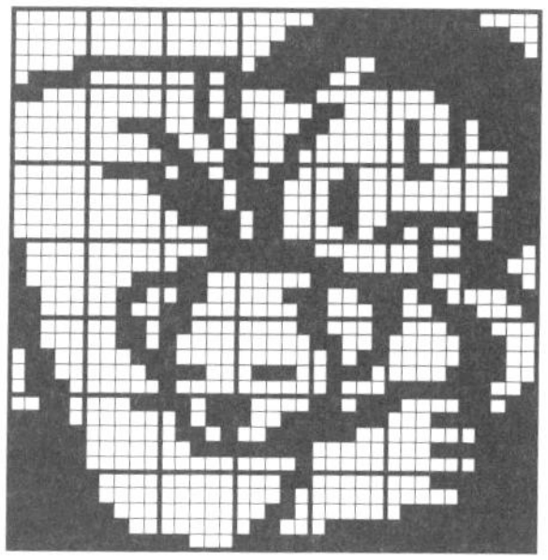

98 사진 찍기

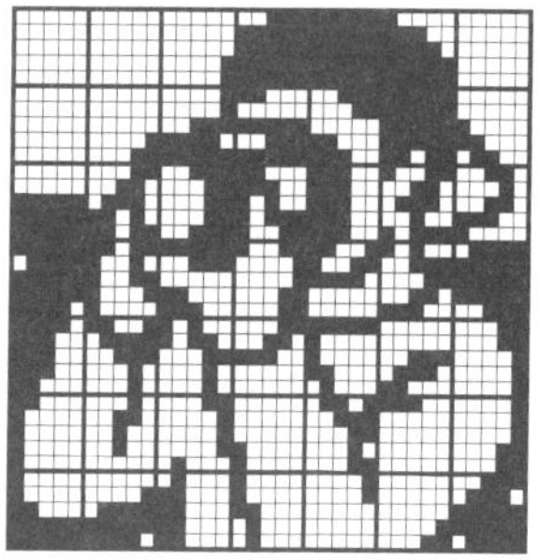

99 어부바

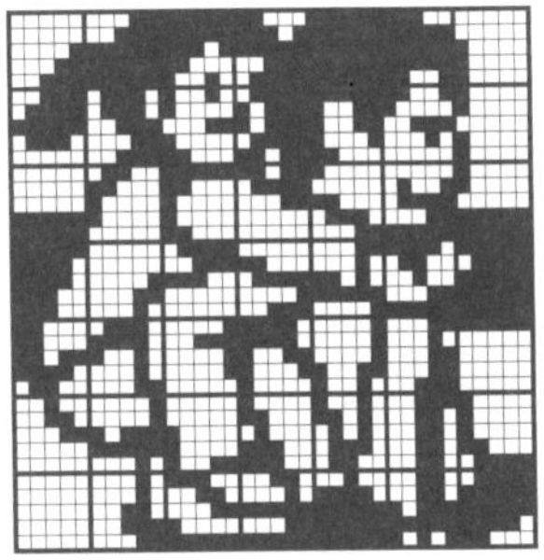

100 덤벨 운동

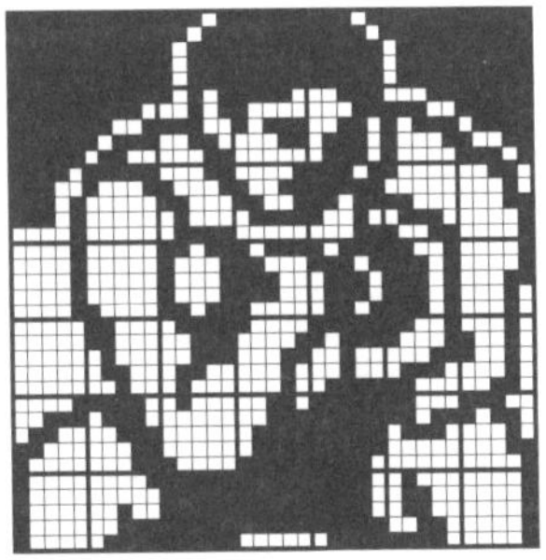

101 기도

102 헤어밴드

103 배달

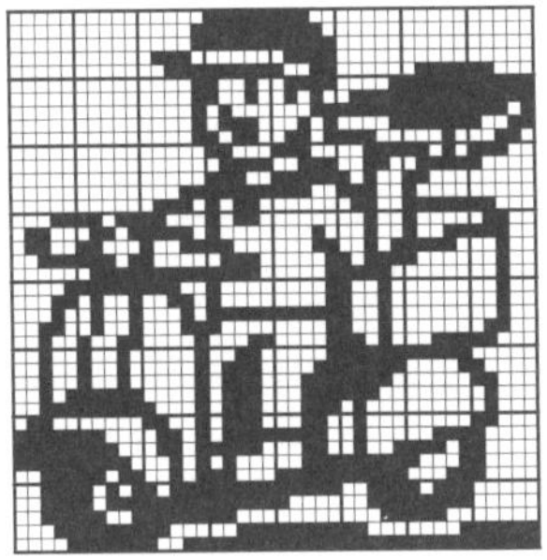

104 힙합

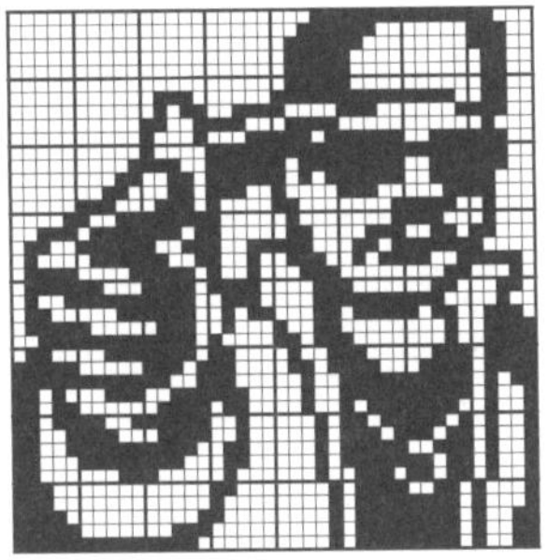

105 디제잉

106 책 읽기

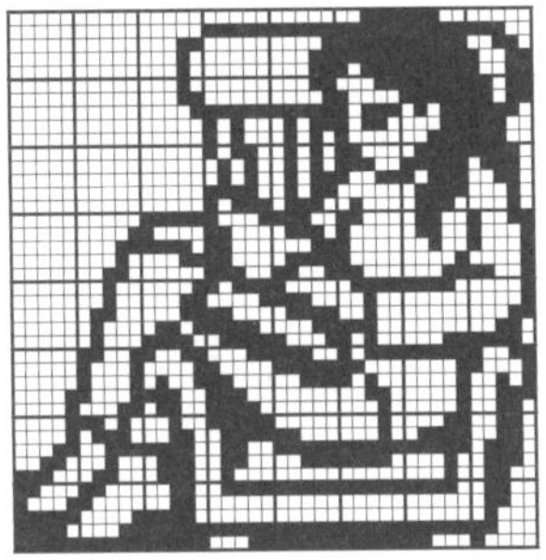

107 패션쇼

108 신문 읽기

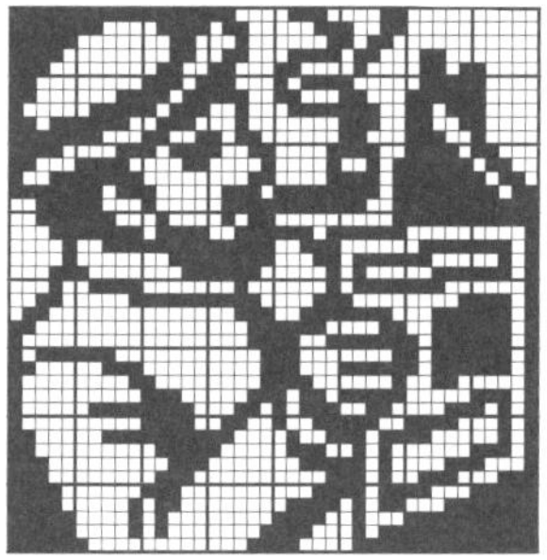

109 청소

110 피자 먹기

111 놀이터

PART D

112 테레사 수녀

113 장영실

114 찰리 채플린

115 링컨

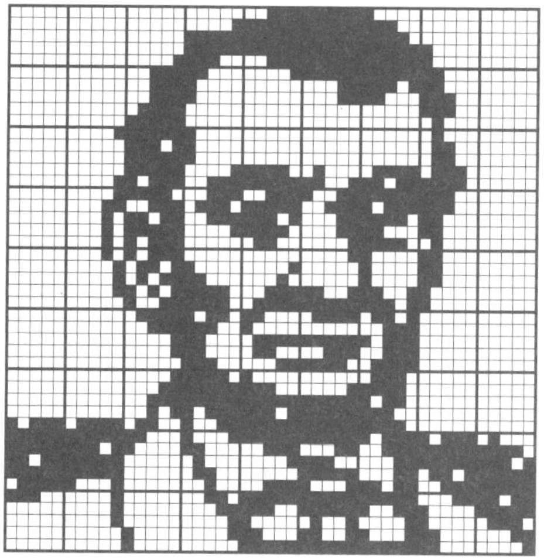

116 마리 퀴리

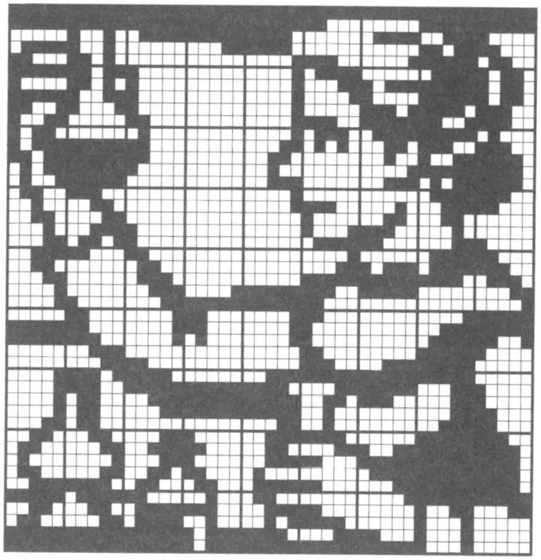

117 빈센트 반 고흐

118 아인슈타인

119 세종대왕

120 에디슨

121 이순신

122 잔 다르크

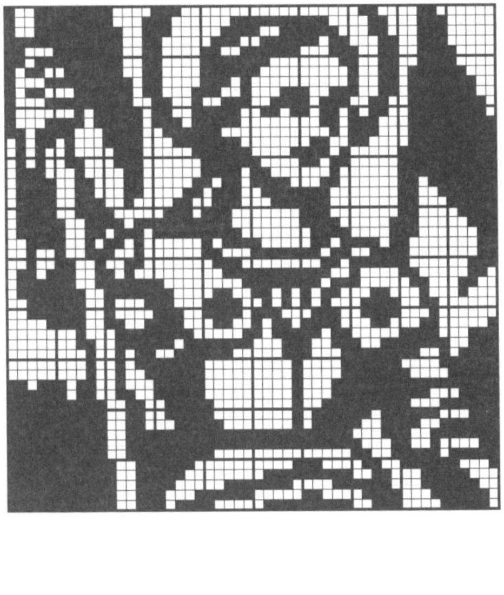

123 나폴레옹

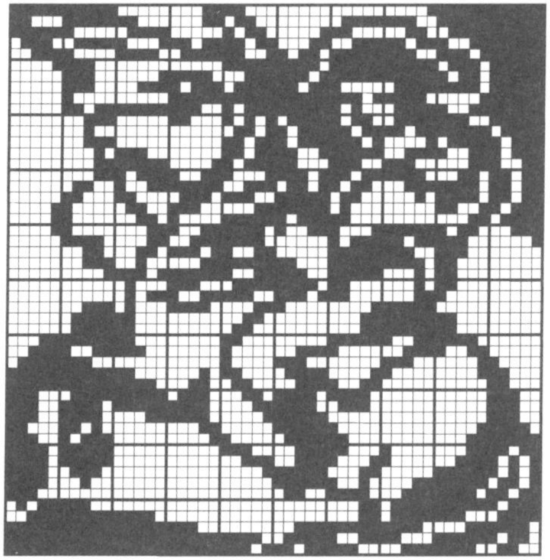

124 베토벤

독자들의 요청 쇄도로 탄생한 특별편

더 크고 정교해진 문제에 도전하세요!

alice *** : 요즘 이거 하느라 시간 가는 줄 모르겠어요ㅠㅠ♡

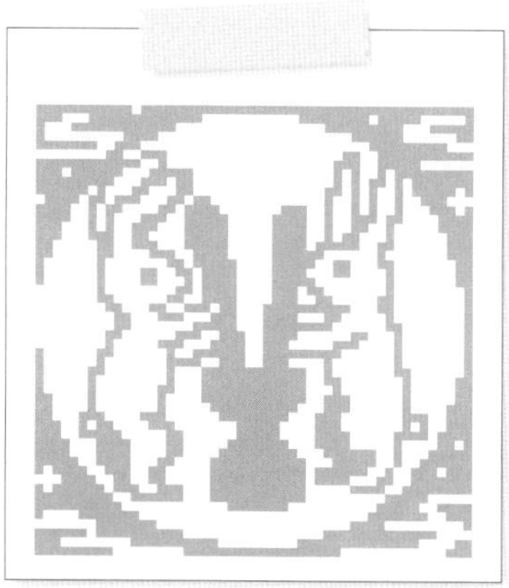

30 × 30 크기부터 60 × 60 크기의 문제들로 구성했어요.
고난이도 문제를 풀고 짜릿한 성취감을 느껴보세요!

네모네모로직 VOL.39

초판 1쇄 펴냄 : 2019년 6월 5일
초판 6쇄 펴냄 : 2023년 12월 20일

편　　저 : 제우미디어
발 행 인 : 서인석
발 행 처 : 제우미디어
등 록 일 : 1992. 8. 17
등록번호 : 제 3-429호
주　　소 : 서울시 마포구 독막로 76-1 한주빌딩 5층
전　　화 : 02) 3142-6845
팩　　스 : 02) 3142-0075

I S B N : 978-89-5952-810-3
978-89-90886-83-5(세트)

※ 값은 뒤표지에 있습니다.
※ 파본은 구입하신 서점에서 교환해 드립니다.

만든 사람들
출판사업부 총괄 손대현
편집장 전태준 | **책임편집** 장윤선 | **기획** 홍지영, 박건우, 안재욱, 조병준, 성건우, 오사랑, 서민성
영업 김금남, 권혁진 | **문제 디자인** 나영 | **표지 · 내지 디자인** 디자인수